いろいろな道具からできた漢字

木や竹などをまげてつるをはった弓のかたち

矢柄・矢羽・鏃から成る矢のかたち

切ったり刻んだり裂いたりする刀のかたち

右手にむちをもってたたくかたち

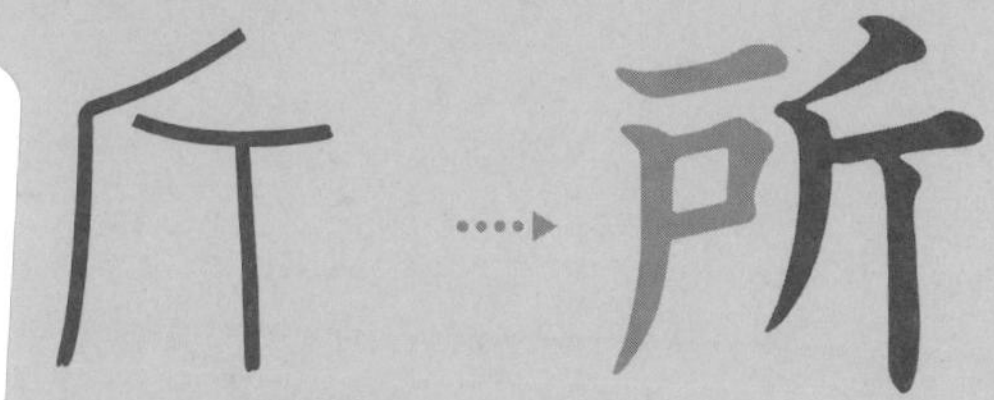

木をきりたおすおののかたち

下村昇の漢字ワールド②

漢字の成り立ち

現代子供と教育研究所・所長
下村 昇＝著

高文研

❖目次❖

第一章 字源の難しさ・面白さ

第二章 こんなに楽しい漢字の話

第三章 漢字はどのようにして出来ているか

第四章 漢字にはつきぬ面白さがある

漢字のメルヘン・実践編

動物編（動物の形から出来た字）

植物編（草や木の形から出来た字）

住居・建物編（建物や家の形から出来た字）

自然編（山や川、自然の姿から出来た字）

器物・道具編（道具や武器などの形から出来た字）

服飾編（糸や布などから出来た字）

本文イラスト＝広中　建次

第一章

字源の難しさ・面白さ

辞典類の字源はどうなっているか

書店に行って辞書コーナーや語学類の書棚をのぞくと、英語、ドイツ語、中国語など外国語関連の本ばかりでなく、漢字の本や四字熟語、ことわざなど辞典類がいろいろ並んでいます。それらの数多くの本の中には、もちろん漢和辞典、国語辞典なども、こんなに種類が多いのかと思うほど何種類も並べられています。それら漢字関係の辞典などでは、いわゆる**《字源》**といわれるものが載せてありますが、その字源や意味の解釈などについて、その中の何冊かを読み比べてみて、次のような疑問を持ったことはないでしょうか。

とくに、漢字の分類、例えば「山」は、どの本でも山の形を表した象形文字であり、「妻」は二つ以上の字形と意味を合わせて作られた会意《かいい》文字だとしているのでしょうか。そして字源そのものは、どの本を見ても同じに説明されているものなのでしょうか。

二〇年くらいも前の話ですが『下村式・小学漢字学習辞典』（偕成社）を刊行したとき、「この辞典は字源が間違っている。でたらめだ」と言って、その辞典を買った客が、書店に返しに来たという話を聞きました。

字源とか意味の分類や説明などというものは、いろいろ出ている漢字辞典のそれらと、どれもが同じなのでしょうか。そうだとしたら何もいうことはありませんが、わたしの見る限り、どうも、そうでもなさそうです。ですから、わたしは「漢字の成り立ち」をテーマにこの本を書くに当たって、自分の立場や考え方について、初めに明らかにしておくことが、読者に対する責務だと思うのです。

本書では、全体を通して、漢字の楽しさ、面白さについて書いていこうと思っています。そのためには、「漢字の成り立ち」の考え方について、わたしなりの考え方や方向を示して、皆様のご理解を得ておきたいと思います。ですから、そのことから話を始めようと思います。

漢字は文字だとはいっても、それは、ひらがなやカタカナ、ローマ字と違って「言語そのもの」ですから、いろいろに使われるようになることは間違いありません。広告などで「痛勤電車」などという言葉（熟語）を見ると、「そんな熟語はないよ」と言いながらも、笑うどころか感心さえしてしまいます。そして、漢字というものは、何とも愛嬌があり、面白い文字だと思ってしまいます。

とはいっても、その漢字の一字一字は、一人の人間が作ったものでもなく、製作者・考案者が、今、生きているわけでもなく、その人たちがどう考えて、どのように作っていったかといった、作り方の記録もないことは確かなのですから、先人の英知には学んでも、漢字の一字一字について、彼らに「どういう考えで作ったのですか」と聞くわけにもいきません。ですから、だれが、どんな考えで作ったかがわからない以上、字源といわれるものも推測でいくしかありません。この場合、推測とはいっても、ただ単なる「当てずっぽう」ではありません。研究者各人の研究論理に従っていることはいうまでもありません。

「この字源は間違いだ」と言う人がいたというのですが、はっきり言って、そういう考え方こそ、間違いだと思います。あるいは、間違いだと言わないまでも、その本や辞典（資料）をみる見方というか、みる態度が間違っていると思います。

字源辞典などという本も出ていますが、それはそれとして、お手元の漢和辞典などを開いていただくと、たいがい「意味」の項の前後あたりに、「解字」とか「字源」「成り立ち」など、言い方は本によって違いますが、字義（意味）とは別に、一字一字について「これこれこういうわけで、こう出来た」ということが書かれていると思います。だからといって、それが「正しい」とは言えません。

正しいとはどういうことでしょうか。そして、どれが正しいかということを判定するのは、だれなのでしょうか。また、正しいといえる人がいたとして、その人はどういう判断で、正しい、正しくないを決定づけるのでしょうか。

こういっただけでは、わたしが何をいっているのか、納得していただくことは出来ないでしょう。ですから、「この字源は間違いだ」というのが「間違いだ」という、その理由を具体的に説明しようと思います。

例に取り上げる字は、だれもが知っている**【明】**（二年生配当）がよいでしょう。この「明」について、漢字指導のとき、小学校では子供たちに、およそ、次のように説明すると聞きます。

【明】（メイ・ミョウ・あかり・あける）

①「日」と「月」とから出来ていて、「お日様が出ただけでも明るいのに、その上、お月様まで一緒に出たら、それは二倍も三倍も明るくなる。だから〈あかるい〉だ」

②「窓」と「月」から出来ていて、「日」は「窓」の形。「窓から差し込む月の明かりを表す。大昔の電灯もない夜の室内を、月光が差し込み明るくする。だから、窓と、そこから差し込む月の明かり、それで〈あかるい〉だ」

この二つの説明は、片方は「日と月」から出来ているといい、もう片方は「窓から差し込む月明かり」だというのですが、このどちらが正しくて、どちらが間違いなのでしょうか。

そうして、その正誤はどうやって判断するのでしょうか。

ちなみに、今まで漢字の最古の形だといわれている甲骨文《こうこつ》をみると、偏部分の「日」は「太陽」の形のように見えます。ですから、【明】は「日」と「月」とから出来ていると見ることが出来ます。そうすると、①の説明が出てくることは納得できます。また、時代が下がった篆文《てんぶん》（秦代に通用し隷書《れいしょ》や楷書のもとになった字）をみると、「日」の部分は明らかに「窓」の形に見えますから、②の「窓」と「月」から出来ているという説明も出来るわけです。

もう一つ、別の漢字の字源を例示しましょう。

「月」より、もうちょっと専門的な解説の仕方のものをみることにしましょう。【失】（四年生配当）がよいでしょう。

【失】（シツ・うしなう）

①『説文解字《せつもん》』（中華書局出版）では、

……手から物が放れ落ちる。「縦（はなつ・解き放す）なり」手に従い、乙の声。

②『大字典』（講談社）では、

……手と乙の合字。本義は手よりものが離れ落ちる義。ゆえに手を書いてその義を示す。

③『漢字の起源』（角川書店）では、

……手からするりと抜けていく。契・金文《きんぶん》には見えないから『説文解字』の解剖に従うしかない。「シツ」の音の意味は「乙・逸」であり、「手からするりと抜けていく意」。「うしなう」が本義。

④『**漢字語源字典**』（学燈社）では、

……「のびる・のばす」「手＋横へ引く」の会意文字。『説文解字』には「手＋乙声」とあるが、「乙」はこの字の音符とはなりえない。手の中からスルリとものが抜け落ちるさまを表すために、左下の方向に乙印をつけたに過ぎない。「抜け落ちる」とは「左下の方向に伸びたこと」である。

⑤『**字統**』（平凡社）では、

……お祈りのときのエクスタシー状態。『説文解字』は違う。手足を回して自失の状態にあることを示す象形文字。「祝禱《しゅくとう》してエクスタシーの状態にあること」。

以上、「失」の解釈について、五冊（五人の学者）の解釈を挙げました。ずらずらと並べられているものを、ただ読んでみても、どれが正しいのか、わからないと思います。もう少しわかり易く、まとめ直して提示してみます。

『**説文解字**』…………手からものが離れ落ちる。
『**大字典**』…………手よりものが離れ落ちる義。
『**漢字の起源**』………手からスルリと抜けていく意。

『漢字語源辞典』……のびる・のばす、抜け落ちる。

『字統』…………祈りのときのエクスタシー状態。

こう並べてみると「手からするりと抜けていく」説と「のびる・のばす」説、「エクスタシー状態」説の三つになります。

この中で、「のびる・のばす」説は「手から抜けていく」説と同類だと考えることもできますから、「失」は「手からスルリと抜けていく」説と「エクスタシー状態」説の二つがあることになります。

こうなると、この五つの説の中では「手からスルリと抜けていく」説の方が四つで「エクスタシー説」はたった一つ。したがって、これは考え方が四対一だから、「手からスルリと抜けていく」説の方が正しくて、「エクスタシー状態」説は間違いだということになるでしょうか。どうなのでしょう。

そうとも言えないのではないでしょうか。

なぜならば、字源というものは、それぞれの研究者の字源・字の解き方についての研究の方向、字形から研究したのか、字音をもとに研究したのか、どんな研究の仕方をしたか、どの先生に師事したか、どんな立場かなど、いろいろな条件によって、考え方、説明の仕方などが異なってくるからです。「正しい、間違い」の問題ではなくて、研究者による研究結果の「違い」とみるのがよいのではないでしょうか。

「この本の字源は間違い」と言わないで「字源が違う」「字源が異なる」と考えたいものです。そうした考えから、わたしは「字源」という言い方をしないで、「成り立ち」と言っていますが、「解字」とか「漢字の起こり」などという言い方をしている人もいます。

漢字を現代のメルヘンとしてみよう

ことに「小学生の漢字学習に役立てる」という目的で作る字典や辞典については、漢字とはいっても、字源研究のように漢字の本字字体、例えば「學」(常用漢字では「学」)や「臺」(同じく「台」)のような旧漢字を対象にするのでなく、常用漢字字体の「学」や「台」という字体を対象にしなければなりません。小学生の漢字学習の範囲は、主として常用漢字の範囲内、ことに教育漢字を中心としたものだからです。そして、なるべく子供にわかりやすくて、しかも、すんなりと納得できて、字形を覚えるヒントになり、意味が納得しやすいという成り立ちの示し方をしたいと思うのです。

そのためには、ある程度は、漢字研究の専門家や学者の考えと違って、字源として専門的には首をかしげるような説明であっても、字体やその漢字の持つ意味の上から、親しみやすく、わかりやすいものを作りたいと思うのです。

そうした意味で、『下村式・小学漢字学習字典』や学年別の『唱えて覚える漢字の本』(共に偕成社刊）は、字源部分について、「この本は漢字の字源ではなく、漢字の絵本であり、漢字のメルヘンです」と《おことわり》をしています。

そういうわけで、わたしがどのような工夫をしながら、**〈成り立ち〉**を作っていったか、そこのところをご披露しようと思います。

まず、最も各種辞典類の字源から遠いと思われる「迷」（五年生）という字を例として説明します。はじめに、各社の漢字辞典では、「迷」をどのように扱っているかを見ることにしましょう。

【迷】（メイ・まよう）

①**『三省堂小学漢和辞典』**（大村はま・長沢規矩也／三省堂）

……「ベイ」から変わった「メイ」という音と、「目がよく見えない」という意味とを表す「米」と、「しんにょう」とを合わせた字。「道にまよう」

②**『旺文社当用漢字辞典』**（阿部吉雄／旺文社）

……「米」（マイ・メイ）が音を表し、「しんにょう」は歩くことで、「メイ」の音は「目のよく見えない」意味を持ち、「迷」は道にまよう意味を表す。

③**『学研漢和大字典』**（藤堂明保／学習研究社）

……「しんにょう」＋音符「米」（小粒で見えにくい）の会意形声字。

④『**漢字の語源**』（山田勝美／角川書店）

……「米」がこの音をあらわす。「米」の音の表す意味は「昧」。「昧」の音符の「未」は（マイ・定まらずにはっきりしない）である。「マイ」の音が「ベイ」に変わった。字義は「はっきりしない」（定まらない）で道路を歩いていく。

⑤『**角川漢和中辞典**』（貝塚・藤野・小野共編／角川書店）

……米（マイ）の転音が音を表し、目が明らかでない意の語源（昧・マイ）からきている。道に迷う意。

五冊とも、「米」の音が異なり「マイ」「メイ」「ベイ」という音を持ち、この音の持つ意味は「目がよく見えない」とか「小粒で見えにくい」「はっきりしない、定まらない」などで、それに歩行に関する意符の「しんにょう」を付けて「まよう」だと説明しています。

では、教育漢字字体を使った教科書で学習する子供は「迷」を、現実的にはどう見るでしょうか。

どの子も必ず「迷」は「米」と「しんにょう」を合わせた字だと見ます。そして「米」は何だろう、「米」と「しんにょう」で、どうして「まよう」なのだろうかと、考えます。「米」が「目がよく見えない」とか「小粒で見えにくい」の意味だといわれても、戸惑うばかりです。「どうして?」と必ず質問します。だとしたら、ここで思い切って、会意形声《かいいけいせい》的な考え方（「六書《りくしょ》」の項参照）をして、次のようにして子供に見せたらどうでしょうか。

【迷】（メイ・まよう）

◆組立て＝「米」と「辶」（しんにょう）
「米」は四方八方に通じる道。
「辶」は「止」と「彳」を合わせた形で、行っては止まり、止まっては行く、すなわち、どこまでも歩いていくこと。

◆意　味＝「やれやれ、やっと、ここまでたどり着いたと思ったら、道が四方八方に伸びていてこの先、どっちに行けばよいのかわからない」ということから、「まよう」の意味になった。

これは、前記五冊のどの字源とも異なります。しかし、子供に「迷」という字の「字形」（「米」に「しんにょう」の合わさったもの）や、「意味」（まよう・気持ちや考えがまとまらない）を考えさせる上で、すんなりと受け入れてもらえるのではないでしょうか。この場合、

〈音〉は「ベイ・マイ」から変わった「メイ」の説明で不都合ではありません。ただし「米」（ベイ・マイ・メイ）という中国音の意味が「四方八方に通じる道」ということではありませんが……。

この考え方について、小著『みんなの漢字教室』（PHP新書）に対する月刊『しにか』（大修館書店・二〇〇三年七月号）の書評欄では、次のようにいっていました。

「（前略）……特に前者で展開される、字源に基づく漢字教育は、既成の字源枠にとらわれないもので『しにか』の読者はびっくりするのではないだろうか。（中略）下村氏も、あくまでも子供に教えるという場合には、と断っていらっしゃるが、賛否の議論を聞いてみたい」と……。

わたしも、書評者（M氏）が言う通り「下村式の考え方が世に問われること自体」を歓迎したいと思います。

前記『下村式・小学漢字学習辞典』や学年別『唱えて覚える漢字の本』、これらの本は決して字源を追究し、字源研究を目的としたものではなく、漢字を日本語表記のための「日本の文字」と位置づけて、小学生の国語の学習に役立てようとする試みです（【下村昇の漢字ワールド①】『日本の漢字・学校の漢字』の併読をお勧めします）。ことに漢字の「字形」と「書き順」と日本語としての「意味」や「熟語」とを印象深く覚えさせようというところにねらいがあります。

わたしたちの先祖は中国で作り出された文字、いわゆる漢字から、万葉がなを生み出し、カタカナやひらがなを作りました。こうしたことは、いわば中国で作り出された漢字の国字化だといってよいでしょう。そればかりでなく、漢字の読みまでも国音化（こうした言葉があるかどうか、わかりませんが）させ、その上、漢字は中国語の意味とは違った意味で使われるようになってきました（このことについては後の項でも触れることにします）。さらには「国字」といわれている、わが国で作られた漢字さえも「日本の漢字」として出現しています。

発売以来二、三〇年間もコンスタントに刊行され続けている、「下村式」と銘打ったこれらの本に影響を受けた子供がいて、もし、将来、自分も漢字を専門的に研究したいと思うようになったとすれば、その子はそのとき、きちんとした研究の仕方・研究の方向を自分で定めて、字源学的に解字方法や字音の変化、日本語に取り入れられてきた経緯などまでも研究していくようになると思うのです。

わたしは、「漢字の絵本」だと言い、「漢字のメルヘン」だとして刊行しているこれらの書物の内容に対して、教育的には少しも心配してはいません。むしろ『下村式・小学漢字学習辞典』や『唱えて覚える漢字の本』を取り入れて、指導に役立ててくださっている先生方の扱い方のほうが心配です。中国における字源の受け売りではないことを銘記しておいていただきたいものです。そうした意味でも、本書の第三章以降をご検討ください。

教育資料としての成り立ちはどう作るか

さて、字源の問題はこれだけではないのです。まだあります。

どなたもご存知のことですが、常用漢字には先ほど例示した常用漢字「学」や「台」のように、「読み書きを平易にし、正確にすることを目安として、異体の統合・略体の採用・点画の整理などをはかった」として、字体が簡単になったり、画数が変わったりしたものがたくさんあります。

卑近な例を挙げると、「突」という漢字は「穴」と「犬」の合わせ字「突」(旧字体)でしたが、現在は「穴」と「大」になっていますし、「數」は簡略化されて「数」になり、「臺」は「台」になりました。そうかと思うと、七画だった「步」が、常用漢字では「歩」の形になり、一点余計について八画になるなどしたものもあります。

こうした字について、多くの辞典類はいずれも旧字体の字源を説明しています。しかし、旧字体の説明をしても子供の役には立ちません。現実の子供は「學」や「臺」や「數」などの読みや書きを学習するのではなく、教育漢字・常用漢字体の「学」や「台」や「数」などを使って、「学校、学問、台数、物干し台、数字、数学」などという言葉を学習するのです。

そこで、わたしは次のようにします。

【数】（スウ・かず・かぞえる）

◆組立て＝「米」と「女」と「攵」

「米」は植物の繊維の形。

「女」はひざまずいている女の人。

「攵」は手にむちを持って叩くこと。

◆意　味＝昔は女の人が植物の固い繊維を何度も何度も叩いてやわらかくし、やわらかくした繊維で衣服を作ったところから、「かぞえる・かず・ひんぱんに・なんども」などの意味になった。

さらには、漢字の字源の中には、子供に解説しにくいものもいろいろあります。例えば、次のように説明しているものがあります。

【商】＝股間の穴の形と罪人に使う鍼《はり》の形からなる形声字で、「セツ」の音の表す意味は「出」（生む）である。そこで、「商」の本義は、子を生む股穴、すなわち女陰の意である。意味は子供の生まれるところ。

【士】＝牡器（男根）の突っ立った形を表す象形字で、音は物が立つところから来た。そこで、「士」の意義は牡器が立つ意で、未婚の男子の意である、など。

字源学者の説がそうだからといって、これでは、そのまま子供に提示するわけにいきません。これらを、下村式では次のように説明します。

【商】（ショウ）＝「章」（ショウ・あきらか）を略した形の「立」と「内」と「口」を合わせたもので、「内証で話すこと」。買い入れた値段を内証にして、それよりも高い値段で品物を売り買いすることから、「あきない、しょうばい」の意味を表す。

【士】（シ）＝斧の刃を横にして立てておいた象形文字。王に仕える兵士のことで、「おとこ・立派な人・役人・兵士・さむらい」などの意味を表した。

ちなみに、【王】は斧の刃を下にして置いた形で、王様であることを示す武器であり、武器を使って戦争をし、天下を自分のものにした人のことから「王様」の意味を表した。

また【兵】は立てた斧の柄を二人の手（または両手）で持っている形で、「へいたい・いくさ」の意味を表した。「士」「王」「兵」は共に「斧」をもとにしているものとする。

原義というのは、漢字が作られたとき、「どうしてこういう成り立ちになったか」という本来の意味・もともとの意味です。しかし、今まで縷々《るる》と述べてきたように、漢字の創案者が、それについて応《こた》えてくれたものがあるわけでもないので、後世の学者・研究者によって、字源研究としていろいろに斟酌《しんしゃく》されてきたものです。いろいろな辞書や文献が出ていますが、いくつかの文字（主として象形文字）を除いては、意見が一致せず、これなら確定的だとはいえないものが多くあります。

そういうことも考慮しながら、先に述べたように、漢字研究者養成のためでなく「小学生への、日本文表記のための、漢字学習の支援材料」を提供するという意味では、字源を「漢字のメルヘン」としてとらえることも面白いのではないだろうかと思うのです。

こうしたことが、漢字への親しみを増幅させ、漢字使用への理解を深め、「日本語としての漢字学習」を容易にするための支援・援助という意味で、いくらかの効用があるのではないかと思うのです。

漢字の字源研究は長い長い歴史の中で育ってきたものです。一字一字の字義をたどることはもちろん必要です。と同時に、そうしたことを念頭に置きながら、意図的に子供の「日本語学習の支援材料」に新しい意味を加え、無機質な学習から興味ある学習へギア・チェンジさせながら、面白い知性的な遊び、知的な学習への支援になれば、それだけメリットがあるはずだと思うのですが……。

これがわたしの立場です。

第二章

こんなに楽しい漢字の話

漢字の成り立ち

漢字をじっくり観察すると…

さて、この章では、第一章で述べた、わたしの立場をご理解いただいた上で、漢字がどのようにして出来、増えていったか、そうしたことについて話を進めようと思います。

《今年はいつまでも寒い冬でした。やっと春が来て、桜を見に行こう、つつじを見にいこう、バラを見に行こうといっているうちに五月が終わり、じめじめしたうっとうしい六月の「バイウ」の「ジキ」になってしまいました……。》

ここまで書き進めてきて、わたしは「ちょっと待てよ」とつぶやき、思考を中断しました。「バイウ」はどの漢字の「バイウ」を書こうか、「ジキ」はこの場合、どの漢字が適切だろう？

わたしが一瞬戸惑ったのは、このことです。

「うっとうしい六月の『バイウ』の『ジキ』」というときの「バイウ」は、「梅雨」とも「黴雨」とも書きます。そして「ジキ」にも「時季」と「時期」という熟語があります。

「バイウ」を「梅雨」と書くのは、この頃が梅の実の熟する頃にあたるからだということを聞いたことがあります。また、「黴雨」の方は、この頃がじめじめして黴《かび》が生えやすい頃だからといいます。どちらも納得です。

「ジキ」には、「時季」と「時期」のように、漢字の使い分けだけでなく、もっとややこしい問題が潜んでいます。「時季」は「一年のうちで物事のある特色が現れる季節」(『現代国語例解辞典』第三版 監修・林巨樹/小学館)であり、「時期」は「期間・期限などある区切られた時、時分」(同上)のように、熟語による意味の違いがあって、使い分けるようです。

そうすると、「バイウ」の場合は「梅雨」と書こうと「黴雨」という書き方にしようと、どちらを書いても「夏至を中心とした前後の雨期、また、その頃に降る雨」(同上)のことであることに変わりはありませんが、「ジキ」の方はそういうわけにいきませんから、わたしはこの場合、どちらの「ジキ」に当たる意味の熟語を使えば適切かと考えてしまいます。

「……そういえば、いつも何気なく使っている漢字だけれど、一つひとつの字をじっくりと眺めたことなんて、なかったなあ」と思いませんか?

「梅雨」と書くと「梅の実る頃の雨」だとわかりますし、「黴雨」と書くと「黴《かび》の生えるほど雨が降り続く頃」だとわかり、〈なるほど〉と思います。

そして、「梅雨」の【梅】は、「木」と「毎」とから出来ています。「木」は「木の形」であり、「毎」は「草が芽を出した形(屮)と「母」の合字で、「母親が子供を生むように次々と増える草」という意味をもっています。「蕾《つぼみ》がつくと次々に花が開き、そうして実のなる背の高くなる木」、それが「梅」の木だというわけです。「多くの実を生らせ、女性の安産を助ける木」だともいいます。そういえば、女性が妊娠すると、梅干が食べたくなるなどとも聞きます(これは関係ない話ですね)。

「黴」は「黒」＋「微」（かすか）の略体から出来た字で、「うす黒く、かすかで、よく見えない小さなカビ」（『学研漢和大辞典』藤堂明保編）という気持ちで出来た字だそうです。

こうして考えてみると、漢字というのは案外面白いものです。

そもそも、一つひとつの字の出来方が面白いですし、ロマンを感じるような字源が興味を引きます。それから、漢字はその形が面白い、「梅」や「黴」ばかりでなく、たとえば【雫】という字は「雨」の下に「下」と書きますが、これがどうして「しずく」という字なのでしょうか。また【曇】は「雲」の上に「日」を書きますが、これがどうして「くもり」なのでしょうか。

ちょっと考えてみるとおわかりでしょう。

【雫】は「雨水が垂れ下がってポタンポタンと落ちてくるもの」です。それで「雨」と「下がる」で【雫】です。うまく出来ているものです。

もう一つは【曇】でした。【曇】は「雲」の上に「日」（太陽）を乗せた字です。出ている「太陽」の下に「雲」が入って、「日」（太陽）を覆い隠してしまったのです。お日様が雲で隠されてしまえば日がかげってしまう……。それで【曇】なのです。

いまさら感心することでもないかもしれませんが、改めて漢字をじっくり眺めてみると、こんなことにまで、新鮮さを感じてしまいます。

ところで、【曇】という字を構成しているのは「日」と「雲」ですが、その【雲】というのは、これまた「雨」と「云」の組み合わせです。この「云」の正体は何なのでしょうか。どうして「雨」の下に「云」が付いているのでしょうか。

実は、「云」の正体は「もくもくと盛り上がってくる水蒸気」のありさまであり、入道雲が浮いている形なのです。そして「うん」と読みます。それで、雨を降らせるもやもやした「雲」（云）の形から「くも」の意味になったようです。

太陽の動きでめぐる漢字の成り立ち

【日】は日時に関して使われる字ですが、この【日】も使われている漢字を考えてみれば、面白いことに気づきます。次のような話を作ってみましょう。

《朝になりました。朝日が地平線上に顔を出し始めました。

大昔の中国は見渡す限りの大平原が続き、その中を大河が流れていました。その大平原の向こうに、一本の大きな木がありました。人々が崇めるシンボルでもあり、土地の境界でもありました。

太陽は東から昇り西に沈みます。時間が少しずつ進み、出てきた太陽、すなわち「お日さま」は地平線の上に顔を出し始めました。そうして地平線からすっかりその姿を見せた頃、それが「日と一」で表わされ【旦】という字になりました。「あした」すなわち元旦の「旦」です。

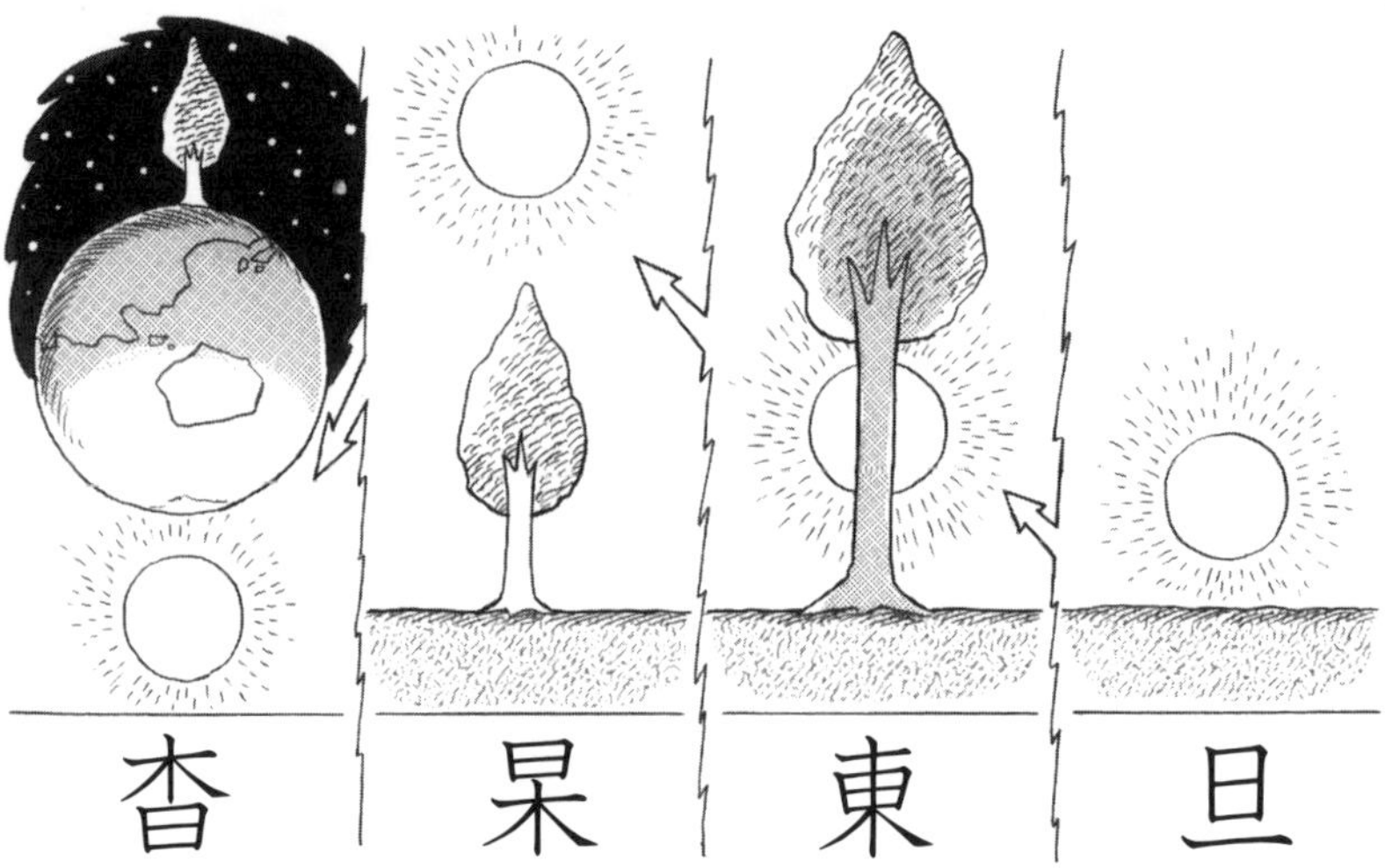

この太陽は時間の経過とともに昇っていきます。そして、その大きな「木」の幹あたりまで昇ってきました。いつも太陽はその木のあたりに出てきます。夜が明け、日が昇ると「あの木のある方が太陽の出る方角」すなわち「東の方向」だとわかります。そうしたところから、太陽の昇るあの木のある方向、それが【東】であり、だから「東」は「木」と「日」の組み合わせから出来たという説があります（ただし、これは俗説だともいいます）。

太陽は時が経つにつれて徐々に徐々にと天上高く昇っていきます。そうして、今、ちょうどシンボルであるその木の真上まで昇り切りました。そのころが真っ昼間であり、そのころのことを「木」の上に「日」をつけて、【杲】（コウ・あきらか・たかい）という字で表しました。「杲々として出ずる日」などと使います。

さらに時間が過ぎると、昇ってきた太陽（日）は地平線に沈んでしまいます。一日の終わりです。あたりはうす暗くなり、そして夜になります。その形が「木」の下（地球の裏側）に回った「日」の姿であり、「木」に「日」をつけて木の下に回った日（太陽）の姿を表しました。そして【杳】（ヨウ・くらい・はるか）という字が出来ました。「杳として行方は知れなかった」などと使いますが、この「杳」は「暗く奥深い」意味です。》

一本の「木」の周りを太陽がぐるっと回って一日が過ぎた様子を表したわけですが、「木」と「日」の位置によって「旦」（日の出）↓「東」（朝）↓「杲」（正午）↓「杳」（日没）と書き分けることができました。

そういえば【朝】も「日」（太陽）に関係があります。

「朝」の左側は「艸」（草かんむり）を上下に並べた形と「日」から成っています。上下の「十・十」は「艸」を縦に置いたもので、草が重なってぼうぼうと茂っているさまだと見ることができます。

その茂った草の間から「日」が出てきた形が【朝】という字の左側の形です。

そして、右側の「月」は部首が「月」の部であることを表し、「月」の形から出来たものです。生い茂っている草の間から朝日が顔を出して、あたりが明るくはなってきたが、まだ月は沈み切らないで月影が残っているといった様子です。それで、「朝」は日が出始めたころ、すなわち「早朝」を表します。

余談ですが、「月」の出来方には三種類があります。それは、いわゆる天体の「月」と、胸や腹などの偏部分でボディを表す符号になる字などに用いられている「肉づき」と呼ばれるもの、そしてもう一つは「前」という字の中にある「月」と同じ種類で、「舟づき」といわれるものの三種です。

「朝」の場合、金文《きんぶん》（古代の金属器に刻まれた文字）では〈月〉部分が〈水〉にも見え、これを採用すれば「朝潮が満ちてくる時」、篆文《てんぶん》では「朝」という字が〈𠦝〉と〈舟〉の合わせ字に見え、この場合の「月」は天体の「月」ではなく、舟の形から出来た「月」に見ているのです。そうすると、古代中国の交通要路であった「川」の淵に止めてある「舟」と岸辺に茂る草、そしてその草の間から昇ってきた太陽、その太陽が顔を出し始めた早朝、これで**【朝】**（早朝）という字のイメージを持つわけです。

深層海塩「海の馨」

話は変わりますが、昨年の夏、伊豆大島にある小学校のPTAの招きで、小学生の部と保護者の部に分けて、二回興行で漢字の話をする機会がありました。その帰り、役員の方が「これ、美味しいんです」といって、お土産に大島産の自然塩だという深層海塩をくださ いました。深層海塩は「海の馨」と名づけられていました。何というしゃれた名前でしょう。わたしはすっかりこの名が気に入ってしまいました。

この【馨】は「かおり」と読みます。その「かおり」は、「香」でも「薫」でも「芳」でもありません。さらには「馥」でもなく、あえて【馨】という字を使っているのです。この自然塩の製造者は数ある「かおり」と読む漢字の中から、なぜ「馨」という字にこだわり、こうした名をつけたのでしょうか。命名の秘密は、当然「馨」という字にありそうです。

【馨】は「声」の旧字であるところの「聲」の上部と、「香」とを合わせて出来た字です。「聲」の上部は「ケイ」といい、石盤で出来た木琴のようなもので、遠くまで響く澄んだ音の出る楽器です。「澄んだ・澄み切った」といった意味があります。「馨香《けいこう》」といったら「澄み切った香、遠くまでにおう香」という意味です。したがって「馨」には「かぐわしい」とか「遠くまで香が漂う」といった意味があります。

この自然塩だという深層海塩の「海の馨」は、製造者のそうした思い入れの表れなのでしょう。わたしは見たこともも会ったこともないこの製造者に、いっぺんで親しみを感じてしまいました。このこだわりがうれしいと思いました。

そしてさらに、わたしは帰ってきてから、この塩をきっかけに一つの漢字を見つけました。それは【淼】という字です。「水」が三つ重なっています。わたしたちがよく知っている字で「淼」と同じように、同じ漢字が三つくっついたものに「森」（たくさんの木がびっしりと茂ったさま）とか、「磊落《らいらく》」という言葉でご承知の「磊」（石がごろごろしているさま）などがありますが、こちらは「水」が三つです。漢音で「ビョウ」、呉音で「ミョウ」。辞書には「広々とはるかに広がる水」とか「はるかで見えにくいさま・果てしなく広がるさま」と出ていました。面白い字です。

この深層海塩「海の馨」はまさしく黒潮流れる伊豆大島の、あの澄み切った海水、そして広々とはるかに広がる太平洋の深海を採取して作った塩なのでしょう。

頭が下がるユーモア

ここまで書いてきて、こんな話を思い出しました。

昔、ある町の商人たちは、毎日毎日、雨の日も風の日も休まず、峠を越えた向こうの村に商売に行っていたのだそうです。そうした夏のある日、一人の商人が「この〈**とうげ**〉がもう少し低ければ楽なのになあ……」と嘆きました。すると、もう一人の商人がいいました。

「いやいや、この〈**とうげ**〉がもっと高いといいのになあ」と。

「そうすれば、だれも行きたがらないから、自分一人で山向こうの村で思いっきりの商売が出来るだろうに」というのが、彼の考え方です。

この話の意図はともかくとして、商人たちが話題にしている〈**とうげ**〉。その〈**とうげ**〉

とは、山の上り下りする頂上付近をいいます。ですから、山の上り下りするところ、それがすなわち「とうげ」であり、漢字では「やまへん」に「上り下り」と書き、これで【峠】です。

この「峠」は国字（日本で作り出された文字）ではありますが、なかなかうまい作り方をしたものです。こうした字を「漢字」といえるかどうか分かりませんが、ひっくるめて漢字という呼び方にしておきましょう。この「峠」で思い出すのが【裃】という漢字（国字）です。これも「ころもへん」に「上下」で「かみしも」と読みます。袖のない肩衣《かたぎぬ》と同色の袴《はかま》とから成る、江戸時代の武士の礼服です。

こうして、いろいろな漢字をじっくり眺めていくと、いろいろな面白さを発見します。いや、発見するばかりでなく、先人の知恵に感心してしまいます。日本人も中国人に負けず劣らず、なかなかやるじゃないかと思ってしまいますが、こんな漢字に接すると、ホントに笑みがこぼれてきます。

小説に出てくる字を見てみると…

漢字はそれ一字で意味を表します。だからこそ、「表意文字」であり「表語文字」なのですが、この「漢字」が一種不思議な力を持っているのです。

作家の書く小説は公用文と違いますから、常用漢字に縛られることがありません。それで、人によっては、その小説の中で常用漢字にない漢字も使用することがあります。そうした常用漢字でない字の中には、編集者が読者の便宜を考えてルビを付けてくれてあるものもあります。読み手にとってはそのルビが大助かりです。

しかしながら、「ルビ」がその漢字の「読み」を表すとばかりは限りません。例えば、『悪の狩人』（森村誠一著）には、「傀儡化《ロボット》した」「衝撃《インパクト》は強い」などというルビが出てきます。「傀儡」という熟語が、「ロボット」と読むのでないことはおわかりでしょう。「傀儡政権」といったら「かいらいせいけん」と読み、「人の思うままに操られる人」のことを「傀儡」といいます。

ここに挙げた「ロボット」も「インパクト」もそれぞれ「傀儡」「衝撃」の熟語そのままの読みではなく、「意味」を表しているものです。こうした手法は夏目漱石の小説などの表記以後から多く見られるもののようです。

ところで、その漢字に読みが付いてなくて、何と読むのかわからない漢字はどう読んでいるでしょうか。普通はその文脈、あるいは文の前後から判断して類推するか、漢和辞典に当たるのでしょうが、それとは別に、ある程度の漢字の出来方を知っていると推測がしやすくなるのも事実です。そうした例をいくつか挙げてみましょう。

「臑」も「脛」も「すね」

宮本輝氏の小説『命の器』に「階段でつまずいて向こう臑をしたたかに打つと……」というくだりがあります。この本の場合、【臑】は「すね」と読むようにルビがつけてあります。ですから、読者はスムーズに「むこうずね」と読むことが出来ます。

ところで、【臑】はなぜ「すね」なのでしょうか。「すね」という字には「臑」と「脛」の二つがあります。

【脛】の方は「にくづき」に「巠」。「巠」は直径の「径」の右側と同じで「まっすぐ通った縦糸」の意味があります。「巠」が直径の「径」の右側と同じだということを知っていれば、【茎】（まっすぐな茎）、【頸】（まっすぐに立つ首）と同じですから「ひざから足首までのまっすぐな部分」だと納得できます。

では、もう一つの【臑】の方はどうでしょうか。

これは少し解説がややこしくなります。【臑】は「にくづき」に「需」と書きます。「需」は「需要」の「じゅ」であり、「雨」と「而」から出来ています。

昔、中国では一人前の男子はあごひげを伸ばしていました。「而」はその「あごひげ」の形であり、「ジ」と読みます。したがって【需】は「雨でしっとりと濡れて柔らかくなったあごひげ」のことであり、この「需」に「サンズイ」をつけたのが、ずばり「ぬれる」という字です。

話がちょっと横道に逸れてしまいましたから、元に戻しましょう。

もう一度いいますと、【臑】は「にくづき」に「需」と書きます。「需」は「雨で柔らかくなったあごひげ」であり「柔らか」という意味を持っています。そして【臑】は「ニュウ・ジュ」と読み、「柔らかい肉」とか「腕の上半分（の柔らかい部分）」の意味があります。「腕の上半分（の柔らかい部分）」と似たところが足にもあります。「足の肉の柔らかい部分」といったらどこでしょう。

この【臑】が日本語として使われるようになり、日本語特有の読みとして《すね》という読みになりました。本来の漢字の読みとは関係なく、【臑】を日本の古訓では「こむら」と読みました。「こむら」とは「すねの裏側のやわらかく膨れた部分」のことであり「ふくらはぎ」です。「こむらがえり」という言葉は聞いたことがあるでしょう。【臑】はすなわち「ひざからくるぶしまでの間の部分」なのです。

「懈さ」は何と読む

今度は、『疫病神』（黒川博行著）からですが、この中に「思考も動きも放棄して懈さに身をまかせた」とありました。パソコンソフト「ワード」の機能拡張で「ルビ」表示を使ってみても、何と読むのか、出てきません。

文字一覧で見ると、読みは【懈】（カイ・ケ・おこたる）と出てきます。

しかし、この場合……、『おこたりさ』に身をまかせた」では、変ですよね。だれもがちょっとおかしいと思います。さて、あなたなら【懈さ】を何と読むでしょうか。

【懈】は「忄」に「解」です。「忄」は「りっしんべん」といって、「心」が漢字の「偏」として使われているものです。そして、もう片方の「解」は、「牛の角を刀で解く」というわけで、「ばらばらにする」「ばらばらに解き放す」ことです。

すると、「忄」（心）と「解」を合わせた【懈】は「心の緊張が解けて、だらけること」だと分かります。意味は「おこたる・だらける・気を緩めて怠ける」ということで、「心の緊張が解けて、だらけること」を、わたしたちは「だるい」といいます。そこで、ここでは「思考も動きも放棄してだるさに身をまかせた」と読むことになります。

「糸」が「連なる」と…

もう一人、島田一男氏の小説から例を出してみましょう。彼のある本の中に「縺れ」という字（言葉）が出てきました。「糸」が「連《つら》なる」と書きます。

うまく考えた字だなあ……と、つくづく感じ入ってしまいます。さて、何と読むのでしょうか。

「糸」が「連なる」ですから、「糸がこんがらかる」「糸がからみあって解けなくなる」ことだといわれると納得できますね。

そこで、この字の本来の意味は、①「糸がからまって解けなくなる」ことですが、この本では「第二は男女関係の縺れか……」と出ています。するとこれは、「糸がからまって解けなくなる」では変だと思います。この漢字の読みがわからなくても、このくらいの推論が出来れば「男女関係の○○れ」という文節から、十分「もつれ」だとわかります。これで、この漢字の「読み」も「意味」もわかったことでしょう。

ところが、「縺れ」には意味がまだあります。

①の「糸がからまって解けなくなる」は直接的な意味ですが、それから派生して次のような意味が出てきます。

②の意味は「事が乱れて解決がつかなくなる」であり、ここでは、この②の意味で使われています。そしてさらに、③の意味になると、「足や舌などがもつれて自由に動かなくなる」という意味にまで広がります。

ここまでくると、この字の「意味」ばかりでなく、「読み」までわかってしまいます。

漢字というのは、このように「意味」と「読み」を同時に持っている文字なのです。そこが、ひらがなやカタカナ・ローマ字と違うところなのです。

「囁く」はどう読む？

これも島田一男氏の小説にあった字ですが「囁く」はどう読むでしょうか。

「囁」は「口」と「聶」の合わせ字です。

そう、「耳」にくっついた「口」ですから、「耳元でささやくこと」ではないかなと考えられます。

したがって「ささやく」と読むのかな、と思います。その通りです。

もうちょっと詳しくいうと、「聶」は（ジョウ）と読み、これだけで「耳に口を寄せてそっとささやく」ことです。今、こんな字があったなんて知らなかった、とつぶやきませんでしたか？

では、もっと驚く字をお見せしましょうか。それは「囁」のように、「耳」を三つも書くのは面倒だとばかりに、「口」と「耳」で「咡」という字もあり、音読みで「ジ」、訓読みで「くちもと・ささやく」と読みます。

「囁く」は、「口」に「耳」が三つで、いかにも、多くの耳に口をくっつけて「コソコソ、コソコソ」と、ささやいている感じが出ているではありませんか。まったくこの字を見ているだけで絵のような字に見えてきませんか。これが「口」に「聶」ではなくて、「足」に「聶」だったらどうでしょう。足でチョコチョコ歩いている感じがしませんか？

驚くなかれ、「足」へんに「聶」で「躡」という字があるのです。「躡」は（ジョウ・ニョウ・ふむ）と読み、「足を寄せてそっと歩く、足をつっこむ、かかわりになる」ことを表します。

この話、友人との酒のお供にでも使ってください。けっこう楽しめますよ！

漢字が三つ重なると…

【下村昇の漢字ワールド①】『日本の漢字・学校の漢字』の第一章で「姦」（カン・ケン）という字を出しましたが、この「姦」は「女」を三つ重ねたものです。「女」が三つで「女がたくさん集まる」ことです。

漢字で同じものが三つある場合は「淼」や「森」「磊」などの字のところで述べたように、「たくさん」という意味の象徴というか、「たくさん」という意味を含む符号なのです。

話がちょっと横道にそれますが、こうした符号を持つ字はいくつもあります。漢数字の「三」は「一」が三つ重なったもので「たくさん」の意味ですし、「災」は「火」の上部にひらがなの「く」のようなものが三つ並んでいて「ぼうぼうと盛んに燃える炎」を表し、そのような「火」が「炎《ほのお》」だと考えられます。

「森」の場合を思い出してください。「木」が二つで「林」、もっと木の多いところ、木がたくさん集まって「林」よりびっしりと茂っているところが「森」です。

「品」はどうでしょう。これも「ヒン・ホン」と読んで「たくさんの品々・いろいろな物品」の意味です。常用漢字の中の字では「品」に似た字で「晶」があります。「晶」（ショウ・セイ）は星が三つ光るさまを描いた象形字ですが、「すむ・澄み切った」などの意味を持つ字です。この「晶」とは別に「日」が二つのように見える「昌」（ショウ）という字がありますが、これは「日」を二つ重ねたものではなく「日」＋「曰」（言う・いわく）の会意文字で「あきらか・さかん」の意味です。

常用漢字以外にも広げれば…

常用漢字外にまで広げれば、同じ漢字を重ねた字はまだまだあります。「車」を三つ重ねた「轟」（ゴウ・とどろく）は「多くの車の往来する音」のことであり、まさにやかましいほどの轟音の感じが出ています。そして「牛」を三つ重ねた「犇」（ホン・はしる・ひしめく）は牛が草場から追われて牛舎に群れながら入るさまを思い出します。

「牛」から出来た字があれば「馬」から出来た字もあるわけで、「馬」が三つだと「驫」（ヒョウ・多くの馬）、「貝」が三つだと「贔」（ヒ・ビ）。「贔屓」（ヒイキ）は「自分の気に入った人を特にかわいがって力を添えること」をいいます。

牛や馬を登場させれば動物の「毛」も出したくなります。「毛」を三つ集めた「毳」（セイ・ゼイ・むく毛・和毛《にこけ》）という字があります。「密生したやわらかい毛」、特に羊の毛をいいます。

動物の最後には「鹿」を出しましょう。「鹿」が三つで「麤」（ス・ソ）という字があり、互いの間がすけたまま、ざっと集まっていることを表します。「麤飯」は「ソハン」と読み「粗末な食事」、「麤略」は「ソリャク」と読み「大雑把《おおざっぱ》で行き届いていない」ことを表します。「麤略」を現在では「粗略」と書きます。

漢字で同じものが三つある場合は「たくさん」という意味を表す符号だという話から引例が多くなってしまいましたが、話を元に戻しましょう。

こんなことを知るにつれ、漢字というものが何とも楽しい、ユーモアのあふれるものに思えてきます。大昔の人のものの見方や考え方、生活の仕方まで推測されて楽しいものです。こんなに楽しい漢字を、規則違反のバツとして使われるなどというのはなんとあわれなことでしょう。ノートに一行ずつ書かされる漢字の勉強は、嫌なもの・辛いものだと思わされてきた子供はかわいそうです。ロマンあふれる知性を磨く道具として漢字を身近に感じて欲しいものです。

今までそんな余裕も、考えもなかったというあなた、老若男女を問わず漢字検定が大はやりだといいます。これを機会に一つひとつの漢字をじっくり眺めてみませんか。そうすると、あなたにはあなたなりの空想が浮かんでくるのではないかと思います。

こんなすばらしい文化ともいえるような漢字を、「これが読めるか」「これが書けるか」と、その正答数を競うような、漢字テストみたいなものの材料にすることは、わたしはあまり好きではありません。書店にはそうした類書や問題集がたくさん出ていて、書棚をふさいでいます。

ある出版社からわたしにも「この漢字が読めるか」といった趣旨の本を書けと誘いがきました。今は小説など読み物が売れない、漢字は息の長いものだし、需要も大きい。わが社もそうした商品を広げたいというのです。しかし、わたしは丁重にお断りしました。

毎日の生活の中で、使うことも、見たこともないような漢字が書けたから、読めたからといって、それがどうだというのでしょう。わたしにはわかりません。

漢字の成り立ち

第三章

漢字はどのようにして出来ているか

漢字の現代への流れ

世界四大文明といえば、メソポタミア文明（チグリス・ユーフラテス川の間の沖積平野）、エジプト文明（ナイル河流域）、インダス文明（インダス川周辺）、黄河文明（黄河・長江流域）です。各文明にはそれぞれの特有の文字がありました。

メソポタミア文明には楔形《くさびがた》文字、エジプト文明には象形文字（ヒエログリフ）、インダス文明にはインダス文字（象形文字）、そして、中国・黄河文明には、紀元前一三〇〇年頃から使われた甲骨《こうこつ》文字があります。

当時、中国では占いの結果を亀の甲羅や獣の骨などに刻み付けて記録しました。楔形文字、ヒエログリフ、インダス文字は、それぞれの文明の滅亡と共に滅んでしまいましたが、漢字は東アジア地域で数千年にわたって生き続けています。そのおかげで、わたしたちは現在、漢字を読み書きし、漢字のお世話になって文明を切り拓いてきました。

中国の歴史は古いという程度のことは、子供でも知っていることです。仰韶《ヤンシャオ》文化、龍山《ロンシャン》文化、王朝、殷《イン》（商）、周（西周）、春秋時代、戦国時代、秦、漢と続き、漢王朝は紀元前二〇二年から紀元二二〇年までも続きました。そうした長い歴史の中で、漢字は一体だれが作り出したものなのでしょうか。

中国・後漢時代に、儒学者であり文字学の祖ともいわれた学者で、許慎《きょしん》という人がいました。

この人の生没はいろいろな説があり、確かなことはわかりません。しかし、後世の字書に大きな影響を与えた『説文解字《せつもんかいじ》』（西暦一〇〇年頃完成。五四〇部首で九三五三字を扱っている）という部首別漢字字典の作者として知られています。

『説文解字』は中国最古の字書と評価されています。中華書局出版の『説文解字』前言には「慎の字《あざな》は叔重といい、汝南召陵の人」とあります。

『説文解字』というのは「文を説き、字を解く」とか「文を説き字を解す」といった意味です。ですから「文や字を説解（解説）する」本だと考えればよいでしょう。

「文」というのは単体で分解不可能な文字、いまでいう象形文字や指事文字のことですし、「字」は複数の部首または漢字の構成要素に分解することが出来るような文字、すなわち会意文字や形声文字のことです。現在、わたしたちが**〈文字〉**といっているのは、この「文」と「字」とを合わせた言い方です。

この、許慎が作った『説文解字』に、黄帝という伝説上の帝王（この王は文字・暦法・音楽・医学などをはじめて作った人とされる）に仕える史官だった倉頡《そうけつ》（「蒼頡」とも）という人のことが出ています。

黄帝や倉頡については、詳しく確かなことはわかりませんが、黄帝の代から中国五〇〇〇年史が始まるともいわれ、中国人はすべてこの黄帝の子孫だともいわれています。黄帝は竜に乗って昇天したということです。

ところで、許慎のいう倉頡の話は、《倉頡が砂浜を歩きまわった鳥の足跡をみて、この鳥は何、こっちの鳥は何と言い当てることが出来たところから、その足跡を参考にして文字を作り出した》ということですから、この話が本当だとすれば、漢字の発明者は倉頡だということになるわけですが、これは単なる伝承だそうですから、許慎の言を鵜呑みにして、漢字は倉頡が作ったものということは出来ません（倉頡については目が四つあるとか、いろいろな言い伝えがあります）。

また、中国の昔話などの語り部として活動をされている寺内重夫さんは、「倉頡造字の由来」について、ホームページ「ことばとかたちの部屋」で、《これから随時〈**ことばとかたちの部屋**〉に載せようとしている中国民間故事は、私が中国済南市に滞在した一九九〇年から九一年にかけて、山東大学、沈陽市民間文芸家協会、撫順市故事工作者協会、故事報社から贈られたいろいろな中国民間故事集を読み、その一つ一つの昔話を私の語る中国の昔話として構成し〝かたち〟（文字化）にしたものです。翻訳そのものではありません。いわば「自由に語る」資料としての文体に構成してあります。これを読んで何処かで自由に語ってください。》として、倉頡について、次のような話を載せています。これも面白い話ですので、伝承として、読ませていただきましょう。

《古代、象形文字を造った人は倉頡という人です。それには倉頡の賢い妻がかかわっていると言います。倉頡の妻は狐の精で聡明で何事にもよく気のまわる人でした。

その頃、人はみんな日の明るいうちに狩りをしていました。けれども倉頡の妻は「鳥は昼間飛び、夜になれば飛ばない」と言って、夜になってからそっと狩りをしました。それで食べ切れないほどの鳥を捕まえると生かしたまま残しておきました。また落とし穴を作り、豚、牛、羊を沢山捕まえると食べ切れず、やはり飼っておきました。こうして人々は家畜や家禽を飼ってきたのです。今でも狐やいたち、それに人も小鳥を食べるので人は家禽を飼っても、夜になって鶏などを狐やいたちに盗まれないようにするのです。

さて、こうして長い間に倉頡の家では家畜を飼い、家禽も多くなりました。すると時々隣近所の人がそれを借りに来ました、倉頡はおおまかな人でしたが、妻は気のきく人でしたから、牛を貸すと獣の皮に牛の印を描き、雀を貸すと鳥の形を描いておきました、一つ貸せば一つ、二つ貸せば二つ描きました。

ある日、鶏を借りに来た人がいました。倉頡の妻は鳥を描きましたが、鶏だからどうしようと考え、鳥の形の傍らに点をつけました。

ちょうどこの時、古代の帝王、黄帝が世上のことを何かの方法で記すことが出来る者を史官としてとりたてると令を発しました。倉頡は家に帰りこのことを妻に話しながら、獣の皮の、鳥の形に点のついた印を指して、「これは何だ」と聞きました、「これは鶏よ、鳥の形に点」「あれは?」「あれは馬じゃないの、四本の足」「なるほど、あれは?」「あれは牛、これは羊」……。

倉頡もまた聡明な人で、すぐ道理を見つけ、一生懸命に考えに考え、多くの象形文字を造り黄帝に差し出しました。黄帝はこれを見て「非常によいことだ」と言って天下の人々に字を造らせました。こうして字がだんだん増えて人はやがて文字を持つようになりました。

倉頡が象形文字を造ったはじめは、実は倉頡の妻があちこちに物を貸したことからはじまったのです。》(http://homepage1.nifty.com/kotobatokatachi/sub271.htm)

こんな話なのですが、これもやはり伝承の一つです。では、実際はどうなのかということが気になります。科学的に考古学的な史料などによっていわれている漢字の起源は、次のように考えられ、説明されています。

それは、紀元前一三世紀から前一一世紀にわたる約二八〇年もの間、殷の都が置かれた地(河南省)の殷墟《いんきょ》から発見されました。そして紀元前一三世紀ころの殷王朝が、公式行事や施政方針などを決定するときに行われた、「卜《ぼく》」(うらない)の結果を書き込むために用いられた文字だと考えられていました。

当時の「卜」のやり方は、亀の甲羅や牛の肩胛骨《けんこうこつ》などの裏側に小さな窪みをつけて、火にあぶって熱した金属棒(青銅製といわれる)を差し込む方法だったといいます。しばらく差し込んだままにしておくと、熱せられた表側に「卜」型の亀裂が出来るので、その亀裂の形で吉凶を見たのだそうです。「卜」をすれば、必ずその「卜」をした亀甲獣骨《きっこうじゅうこつ》に、「卜」の内容や結果を彫り込みます。こうして彫り込まれたものを、現在、甲骨《こうこつ》文字（亀甲獣骨文）とか、契文《けいぶん》、殷墟卜辞《いんきょぼくじ》などといっています。

殷墟から出土した亀の甲や、牛の肩甲骨に刻まれた甲骨文字は、一つや二つではありません。それは大小一六万片にものぼり、文字数は約三五〇〇字、特殊な固有名詞を除けば基本的に読解できているといいます。それらの文字を現在の字に置き換えれば、書き下し文として読めるそうです。それだけに、こんなにも進歩した文字が、殷の時代に突如として出来たとは考えられません。何か、その前身になるものがあったはずだと推測されています。しかし、これは漢字とは別系統に属する文字ではないかなどとも言われていました。

そこへ、現在最古の漢字といわれていた甲骨文字よりも、もっと古い今から四千数百年も前の中国・山東省の龍山文化の遺跡から、「文字陶片」が出土したというニュースが流れてきました。一九九三年一月のことです。龍山文化の遺跡というのは、夏王朝の終わりごろ栄えたところです。

夏王朝は紀元前二〇七〇年ごろから始まり、夏から殷への交代は紀元前一六〇〇年ごろと見られています。まさに中国四〇〇〇年の歴史は、殷よりも、もっともっと前、夏王朝から始まっていたことになります。もっとも、中国の文化史年表などによると、先史時代（旧石器時代）、前五〇万年から四〇万年に北京原人が生存し、火を利用したり、打製石器を使用していたというのですから、まだまだわかりません。

ところで、出土した文字は焼いた陶器の破片の上に、あとから鋭利な器具で刻まれた可能性が高いといいます。また、殷墟などから出土する甲骨文字《こうこつ》との差はかなり大きいけれども、字によっては似ているものもあるということです。これが文字ならば、三四〇〇年前から三一〇〇年前の文字（甲骨文字）よりも、さらに前の時代、四一〇〇～四二〇〇年前に、すでに現在の文字のもとが使われていたということになり、中国古代史の構図は大きく変わってきます。

こうして、この原稿を作っているとき、またまたビッグニュースが飛び込んできました。「中国最古の絵文字・一万年以上前のものか」という見出しで、また、絵文字が発見されたというのです。

それによると、「中国・寧夏回族《ニンシアフィズウ》自治区の岩壁から狩猟や放牧、舞踏、祭儀、太陽、月などを描いた約三〇〇〇組、八〇〇〇個の図形が見つかった。約一五〇〇個が原始的な文字であると判明したが、解読されたのは一部だといわれ、中国殷代（紀元前一七～一一世紀）に使われた甲骨文字に似た象形もあるという」（「朝日新聞」二〇〇五年一〇月七日朝刊）

やはり、中国最古の文字については、まだまだその歴史を書き換える可能性がありそうです。

こうなってくると、「漢字は一体だれが作り出したものか」ということは、ますます不明になり、詮索も出来ません。いえることは、倉頡が作ったというように、だれか一人の力で作れるものではないということです。

ともかく、甲骨文字文はその後、殷王朝の末期から周王朝の前期（西周・紀元前一一〇〇年頃～前七七〇年）に鐘、鼎《かなえ》、武器などの青銅器に刻まれた文字が発見され、金文《きんぶん》（青銅に書かれた文の意）と呼ばれています（甲骨文字が殷の時代の研究のためになくてはならない材料だったのと同じように、金文は西周時代の研究において重要な材料となっています）。

甲骨文と金文は、さらに次の代の周に引き継がれ、周の混乱によって中国全土に飛び散るようになりました。周の宣王のときには、籀《ちゅう》という人が各地で違いの多かった金文を整理、改変して新しい文字を作りました。これを籀文《ちゅうぶん》といいます。そうして、意味・字形ともに抽象化が進み、春秋戦国時代になると、地方ごとに、通用する字体が異なるという事態が発生してきました。

例えば、東部では金文が、西部では籀文が使用されたといわれます。籀文の特徴は、字体がきれいで、巧妙に書かれていて、字画は複雑になり画数も増えたものが出てきたりしました。

秦の時代はわずか一五年ほどでしたが、始皇帝は、天下を統一したのち、字体統一に着手し、字体が複雑で不便だった籀文を簡略化して小篆《しょうてん》を作りました。秦は西周の故地を本拠地にしたので、文字は周王朝から受け継がれたものでした。そのおかげで、その系統性がわりに保持されていたといいます。

そうしてさらに、小篆は次第に崩れて、下級役人にも書きやすい隷書《れいしょ》を生み、隷書がさらに工夫改良されて、草書《そうしょ》、楷書《かいしょ》、行書《ぎょうしょ》を生むようになりました。

宋の時代になると、楷書が様式化され、宋朝体と呼ばれる字体が誕生し、清の第四代皇帝、康熙《こうき》帝によって『康熙字典《こうきじてん》』で知られている明朝体が確立しました。現在一般の文書や、印刷物などに使用されている漢字の書体は、明の時代に確立された明朝体が中心です。この起源を遡ると、後漢末期に確立された楷書に行き着くわけです。

漢字は現在のメルヘン＝六書という漢字の作り方

漢字は世界で最も興味深く、美しく、論理的で、しかも科学的精神を備えた文字だといわれています。確かにそれはいえると思います。漢字が出来た時の字の成り立ちの原則さえ理解すれば、たとえ難しい字であっても、一度見れば忘れることもなく、書き間違えることも少ないものです。

現に、西暦一世紀にはすでに中国から移入されたという漢字に、多くのことを学んだ日本人でさえ、漢字ではないかと思うほどの国字まで作り上げたほどですから……。

すでに述べたように、世界四大文明に表れた初期の文字は、ほとんど絵文字から発達したという経過を経てきています。初期のエジプト文字も絵で描かれた記号だったといいます。

そして、多くの文字が徐々に表音文字化していきました。ところが、中国だけは、「文」といわれる基本文字を大事にしながら、それをもとにして文字の改良を重ね、のちに文字の構成と用法の六つの原則（これを「六書」といいます）を完成させ、形・音・義（意味）の全てを兼ね備えた文字を作りあげたのです。

「六書」は「りくしょ」と読み、「象形《しょうけい》」「指事《しじ》」「会意《かいい》」「形声《けいせい》」「転注《てんちゅう》」「仮借《かしゃ》」という、文字の構成の六つの原則のことです。次に、その「六書」について簡単に説明をしておきましょう。

（1）象形文字＝そのものずばりの字

「象形」の「象」は「かたどる」という意味です。一般に、ものの形や特徴をつかんで、その形を簡単な線で描き出した絵だといわれています。とはいっても、写実的な絵として写すのではありません。ものから抽象される観念を図形化した絵文字だと考えればよいでしょう。例えば、「日・目・山・水・魚・鳥」などのように、事物の形を線画的に簡略化したものです。

「日」は太陽の形です。天空にあって、古代人があがめるほどの気持ちと、神秘さを持って見上げていたであろう、太陽、月、星などのうち、同じ天体でも、満ちたり欠けたり時の経過とともに変化し、形を変える月と違って、「日」は形が変わりません。そこで、それを丸い形で表しました。幼児が描く太陽の形と同じです。一方、「月」は新月、三日月、半月、満月のように姿を変えますので、そうした特徴を捉えて、典型的な月の形「三日月」の形で表しました。

「日」（太陽）の真ん中の点（横線）は、「この丸の中は空っぽではないんだよ。中にはエネルギーが充満しているんだよ」という気持ちを表す印です。漢字には、このような印がいろいろあります。

「川」にも印が使われています。「川」はご承知のように、三本の線で表わされていますが、左右両側の線は川の両岸を表し、真ん中の短い線が、上流から滔々《とうとう》と流れてくる「水」を表します。太陽の真ん中の点（線）と同じように、この川は「空っぽではなく、いつでも満々とたたえた水が流れている」ことを表しています。

その「水」部分をさらにクローズアップさせたものが単独の《**水**》という字です。真ん中の線の両側にポチャンポチャンと波打った線があります。「水」という漢字の「亅」の両側にある「フ」や「く」（両払い）が、波立ちながら流れていく波を表しています。

「山」は山脈の遠景を写したものです。三つの峰から出来ています。「山」の出来方はおなじみだと思います。このようにして出来た文字を「文」（モン）といいます。「文」は紋様の「紋」と発音も同じですし、物の形を紋様的に描いたものだといっていいと思います。

象形文字は次の三体に分類することが出来ます。

①単体（単独）象形――物の自然の形をかたどったもの。

◆人体……人・大・子・女・口・目・耳・立・夫・身・母・欠・文・心・足・手・止・肉・力・包・己など

◆自然……日・月・山・川・水・雨・火・厂（がけ）など

◆動物……鳥・隹（スイ）・羊・牛・馬・魚・貝・虫など

◆植物……木・艸（草）・竹・禾・米・平・果・生など

◆住居……宀（うかんむり）・倉・戸・門・井・高・京など

◆道具……皿・豆・矢・舟・刀・王・午・罒（あみ）・車など

②合体（合成）象形――二つの物の形を組み合わせて一つの物を表したもの。

◆石……がけの下に石がごろごろ転がっている形。

◆血……皿に動物の血を入れた形。

◆巣……木の上にある鳥の巣に雛がいる形。

◆西……鳥が巣の上に止まっている形。

③変体（変形）象形――形の変じた状態をかたどったもの。

◆尸……かばね、人が横たわった形。

◆夭……ヨウ、頭をぐったりとたれ、若死になどの意味に用いる。

◆屰……ゲキ・さからう、「大」をさかさまにした形で、反対・逆の意味を表す。

◆交……コウ、人が足を交差させた形で、交わる・交えるの意味を表す。

（2）指事文字＝印をつけて表す

「指事」は、抽象的な文字を作る工夫です。実体のないもの、あるいは具体的な形（絵）で表せない事柄を、ある種の抽象的な符号で表しました。例えば、「上」や「下」、「本」や「末」などという概念は絵では表せません。そこで「上」や「下」を表すのには、何か工夫をしなければなりません。そのためにどうしたか……。次のような工夫をしたのです。

とにかく基準になる横線を一本引こう。そして、その基準線の上に印をつけて「こっちのことだよ」と印をつければ「上」という概念が表せる。それでは、「上」と同じように、その基準線の下に「こっちのことだよ」と印をつければ「下」だとわかるんだな。なるほど、なるほど、これはいい考えだ、というわけで、一本のよこぼうを基準とし、その基準線の上下に印をつけて「上」や「下」を表すことにしました。これでどうにか「上」「下」の概念は表すことができました。

しかし困ったことが起こりました。「上」や「下」とはいっても、基準線からどのくらい上なのか、どのくらい下なのかがわかりません。そこで「どのくらい」を示すには基準線の上下に柱「—」をつけることを思いつきました。そして、その基準線の上下につけた柱のどのあたりかを印で示せば、上下の程度がわかります。これはうまいことを思いついたものです。こうして出来たのが現在の「上」「下」です。

　では「本」「末」はどうでしょうか。「もと」も「すえ」も、ともに「木」から出来ています。根元と先端は「木」を使って描くことにしました。象形文字の「木」の根元に「ここのところのことだよ」という印をつけて「ねもと」を表し、同じように「木の先端」部分に「ここのことだよ」という印をつけて「すえ」を表しました。

　この方法を使えば木の切り株の部分も表わせます。根元より少し上の部分に「ここのことだよ」という印をつけます。こうして出来たものが「朱」という字であり、切り株の「株」は「木と朱」から出来ています。では、切り株がなぜ「朱」なのでしょうか。切り株の切り口を見てください。年輪があらわになっていますが、その切り口は、まさしく「朱色」です。杉の切り口などは朱色がよくわかります。「朱」という字は、漢字「朱」の「ノ一」の次、三画目のよこぼうが「ここだよ」と指し示した矢印なのです。

指事文字は次の三体に分類することが出来ます。

①**単体（単独）指事**――最も単純な原始的な指事文字。

◆一・二・三など……数の始めはその線の数で示している。

◆上・下・中など……基準になる線を決めて、その上下、あるいは位置によって表す。

◆回……ぐるぐる回る線によって、回る意を表す。

◆曲……ものの曲がった形をもって、曲がる意を示す。

◆片……木を縦割りにしてその右半分を描いて、片方、すなわち「片」を示す（左半分は「爿」になる）。

②**合体（合成）指事**――二つ以上の物が結びついて、一つのことを指し示した指事文字。

◆本・末……木の上下に印をつけて、ここのことだよと指し示した。

◆天……大（人体）の上によこぼうをつけて天を示したもの。

◆刃……刀の刃の部分に印をつけて、そこが刃だよということを示したもの。

◆父……右手を横から見た形の「又」に鞭「｜」を持たせて、指導激励する意を表す。

◆母……女の横向きの形に乳房をつけて、子の親である母を示す。

③**変体（変形）指事**――変化した状態を表した指事文字。

◆辶……行の偏部分と「止」を合わせて、行っては止まり、止まっては行く、すなわち、長く歩く意とし、歩行に関する意符となる。

◆ヒ……横向きの人を逆さにした形で、人の変化を表す。のち、人偏を加えて「化」となる。
◆タ……月の一画を省いて夕方、日暮れの意を表す。まだうす明るいので月の形が判然としないので「ク」の中は点一つとする。

（3）会意文字＝組み合わせの妙技

「会意」というのは、二つあるいはそれ以上の「文」を組み合わせて別の新しい字を作る方法です。「会」は「合わせる」と「ふえる（の省略）」から出来たもので「集める・あつまる・あう」などの意味があります。「合わせてその意味を表す」というのが《会意》です。一種の「合わせ字」と考えればよいでしょう。こうした作り方によって出来たものを「文」に対して「字」といいます。「字」は「滋」（ジ・増える・茂る・育つ）と同系の言葉です。

象形文字の「木」を二つ合わせて「林」を作ったり、三つ合わせて「森」を作ったりしましたが、これらは「木」という「文」から「林」や「森」という「字」を生んだようなものです。「休」は「人」と「木」を合わせて「木に寄りかかって休む」といった気持ちでしょうし、「炎」は「火」が重なった様子で「火が盛んに燃える」という気持ちです。「林」と「火」を組み合わせて「焚き火」の「焚」という字も出来ています。

「北」も会意文字です。この字は二人の人が互いに背を向けて立つ形です。本来、人間は暖かい南を向いて立つ習性があります。その暖かい南に背を向ける方向、これが「北」だというところから「北」が出来ました。もともとは二人の人が背中合わせになっている形ですから、「背を向けてそむく」とか「背を向けて逃げる」という意味を包含していました。ところが「北」がもっぱら方向を示す東西南北の「北」の意味で用いられるようになりましたので、「背」の意味にはこの「北」にボディを意味する「月」(にくづき)を添えて「背」という字を作りました。「敗北」の「北」は「そむく・相手に背を向ける」という意味ですが、この「北」と「背」との間には、「会意」であると同時に、後で取り上げる「会意形声」という関係が出来ています。

こうした作り方が考え出されると、いろいろな概念を表すことが比較的容易に出来るようになりました。こうして漢字は増えていきました。

会意文字は異体会意と同体会意の二つに分類することができます。

①異体(合体)会意——異なった二つ以上の字を合体させた会意文字。ただしこれらの中には二つ以上の文字を組み合わせて出来ているものと、その一部を省いて組み合わせたものとがある。

◆明……日(など)と月を合体させて、あかるい意を表す。

◆東……木と日を合体させて朝日の出る方角、東を表す。
◆政……正しいと攵（手に鞭を持つ形）を合体させて政治の本質を表す。
◆葬……上下二つの艸と死を合体させて、死んだ人をほうむる意を表す。

②同体（同形）会意――同形を二個以上合体させた会意文字。ただしこれらの中には上下に組み合わせたもの、左右に組み合わせたものなどいろいろある。

◆双……右手（又）を二つ合体させて二つの意を表す。
◆林・森……木を二つ、あるいは三つ合体させて、木が多く茂っている林や森を表す。
◆炎……火を上下に重ねて、炎の意を表す。
◆友……横向きの左右の手を合体させて、互いに助け合う友を表す。

（4）形声文字＝音と意味を併せ持つ

「形声」は、二つ以上の漢字の持つ「形」（象形）部分と、「声」（発音・音符）を組み合わせる作り方です。中国の二大大河といえば「黄河」と「長江」ですが、「黄河」の「河」や「長江」（揚子江）の「江」は、「川」であることを示す「サンズイ」と、その川の呼び名を示す「ガ（カ）」「コウ」とを組み合わせたものです。しかし、音符になる部分もそれ自体意味を持っていて、その音の意味を決定する要素でもあるわけです。

「会意文字」の項で説明として使った「滋」（ジ・増える・茂る・育つ）は「字」（子を産

み増やす）と同系ですが、この「滋」の持つ「水によって水分や養分を与え、小さいものがどんどん増える」という意味のように、片方は意味を表し、もう片方は音と共に意味も持つという作り方です。

「睡眠」の「睡」は「目」と「垂」との合わせ字ですが、音（読み方）は「垂」（スイ・たれる）にあり、意味は「目」にあるというわけです。まぶた〈目〉が垂れてくるのは眠くなるからだということで、「垂」は「たれる」という意味と同時に「スイ」という音を持っています。「垂」を持った字に「錘」（おもし・おもり）という字がありますが、これも同じ「金」と「垂」（たれる）で「スイ」と読み、金属で出来ている「上から下に垂れ下がる分銅、おもり」のことです。

では「睡眠」の「眠」はどのような考えで出来た字でしょうか。これも「目」と「民」の合わせ字で、音は「民」（ミン）だとわかります。「民」はどんな字なのでしょうか。「民」とは「目玉を針で突いて見えなくし、逃げることを防いだ刑」だといわれています。奴隷や下賤の人たちを使役するために、そうしたことを行ったようです。それが、時代が下るにつれて、「下々の人・人民」の意として使われるようになりました。そういうわけで「眠」は「目」と「目を傷つけて目が見えない」ですから、目が見えない状態になって眠りこけること、これが「眠」だというわけです。これが形声文字の作り方です。

漢字の数は五万とか五万五千もあるといわれていますが、そのうちの八〇％から九〇％はこうした音と意味を併せ持つ「形声」という作り方から出来た字です。どこに「形」があり、どこに「声」があるかは、漢字によってさまざまです。そこで、「形」と「声」の出所をまとめておきましょう。（　）の中が各字の読み（音）を表す部分を示します。

①左は意味、右は音……紅（コウ・エ）　胴（ドウ・同）　校（コウ・交）
②左は音、右は意味……項（コウ・エ）　歌（カ・可）　判（ハン・半）
③上は意味、下は音……花（カ・化）　界（カイ・介）　究（キュウ・九）
④上は音、下は意味……忠（チュウ・中）　賞（ショウ・尚）　導（ドウ・道）
⑤外は意味、内は音……囲（イ・井）　固（コ・古）　箇（コ・古）
⑥外は音、内は意味……悶（モン・門）　問（モン・門）　衡（コウ・行）

教育漢字一〇〇六字を調べてみると、その漢字の音は「ここにある」と、はっきりわかる漢字が一三〇字ほどあります。その一三〇字を音のある場所別に「上・下・左・右・その他」と分類してみると次のようになります。（　）内の漢字は読みに該当する漢字が教育漢字外の字です。

◆**音が『上』にある**……少・多・想・悲・案・貨・型・省・努・賀・資・製・貸・導・警・盛・装・忠・忘・盟（二〇字）
◆**音が『下』にある**……草・花・荷・客・究・整・管（七字）

◆音が『左』にある……歌・救・静・刊・故・効・政・判・創（九字）

◆音が『右』にある……町・校・何・絵・語・姉・紙・時・晴・線・野・理・泳・（階）・館・（級）・球・係・仕・神・帳・坂・板・洋・課・（機）・議・漁・（唱）・清・積・側・仲・（停）・動・飯・標・冷・河・格・（慣）・個・鉱・（混）・際・枝・飼・謝・授・（招）・証・性・精・績・像・測・張・銅・燃・版・俵・評・防・（吸）・供・源・（誤）・紅・（鋼）・詞・誌・縮・諸・障・城・誠・洗・臓・（担）・潮・（糖）・（認）・（批）・訪・（優）（八五字）

◆それ以外（『他』）……聞・湖・（庭）・問・固・府・閣・庁・裏（九字）

こうしたことがわかると、読めなかった漢字でも、どこかにその漢字の読みを推測できる部分があるに違いないと考えます。ですから、確かにこうしたことを教えておくのは大事なことです。それを探せば、漢字は習わなくても、ある程度、自力で読めるようになります。

しかし、過信や生半可の知識は「怪我のもと」です。ある教師用の図書を読んでいたら、「音のありかがわかれば、ほとんどすべての漢字が自力で読める」と書いてありました。「ほとんどすべての漢字が……」などということ、これはうそです。そうした教え方や思い込みは危険です。

ことに「日本の漢字」は戦後、常用漢字字体になり、いわゆる本字（旧漢字）から新字体になりましたので、形声文字がすべて決まりによって読めるかというと、そういうわけにもいきません。現在では、残念ながら、この考え方で読みを推測することの出来ない漢字もたくさんあります。

その例をいくつか挙げてみましょう。

「往復」の「往」は「オウ」と読みます。この字の旁《つくり》であるところの「主」がもと「王」だったというのですが、現在では「主客・主人」などの「シュ」としか読みません。

また、「法規・法令」などというときの「法」は、どこに「ホウ」という読みがあるでしょうか。「法規」の「規」は、どこに「キ」という読みがあるでしょうか。「去」から「ホウ」という読みは出てきませんし、「見」から「キ」の読みは出てきません。

「給食」の「給」（キュウ）はどうでしょう。「合」の部分から音が出てくるのだろうという推測は出来るでしょうが、では「合」の音は何でしょう。漢和辞典などでは、「合」は「シュウ」であり、この「シュウ」の転音「キフ・キョウ（ケフ）」が「キュウ」になったのだというのですが、これで形声字「給」の読みがわかるでしょうか。

個々に見ていくと、形声文字だからといって、読みの推測が出来る部分をもつ漢字ばかりだとは限りません。

漢字の出来方は大きくは二種

ここまでの四つの漢字の作り方の説明を読んで、あなたは「なぁんだ、四種の漢字の出来方とはいっても、実際は二種類ではないか」と気づかれたことだと思います。そうなのです。大きく分けると、「象形・指事を含んだこれ以上分解することの出来ない『基本になる文字』」と、「会意・形声を含む『合わせ文字』」の二種なのです。もとになる文字を「文」といい、あとの「合わせ文字」を「字」ということは、前に述べたとおりですが、この二種類なのです。

しかも、漢字を分類してみると、これは純粋な会意だとか、純粋な形声だなどといえない文字、「音符になる部分もそれ自体が意味を持っていて、その音の意味を決定する要素にもなっている字」がたくさんあるわけで、実は、「合わせ文字」にはそうした文字が多いのです。これについても例をいくつか挙げてみましょう。

❖【忘】（ボウ・わすれる）……

この字は上下から出来ていて、「亡」と「心」の合わせ字です。上が「読み」、下が「意味」を表す部分です。上の「亡」が〈ボウ〉と読む「音符」であり、下の「心」が「意符」の役割です。「亡」の音は「亡」から出て、「亡」には「ほろびる」とか「なくなる」といった意味があります。ですから、「忘」は「心」に「なくなったもの」、すなわち「わすれる」という意味になるわけです。この場合、音を抜きにして考えれば会意文字と構造は同じになります。

❖【屍】（シ・しかばね）……

この字は外側と内部から出来ています。外側の「尸」は部首名を「かばね」といい、横たわった人体を描いたもの（象形）です。内部の「死」は「シ」という音とともに「しぬ」意味を表します。そこで「しかばね」というわけですが、この「死」によって「尸」の意味を「どうして横たわっているのか」、「それは死んだからだ」と、明白にしているわけです。「尸」と「死」を合わせて「しかばね」の意味を表しているのですから、明らかに会意です。

このような造り方のものを、会意でもあり形声にもなっているという意味で**「会意形声文字」**というとよいと思います。

小学校で学習する教育漢字一〇〇六字を、象形、指事、会意、形声の基本的四分類にすると、どのような分布になるのでしょうか。それについて、わたしの調べた分類別字数は七二ページのようになっています。この表で、「合わせ文字」の中に、「＊兼用」という項目がありますが、ここでは【忘】や【屍】でみたような造り方のもの（「会意形声文字」）を「兼用」ということにして、その数を表しています。そこをご注目ください。

この数字を見るかぎり、これ以上分解不可能だという「基本漢字」は一四・五％しかなく、八五・五％は「合わせ文字」だということがわかります。しかも全体の五〇・六％は形声を兼ねた会意だといえそうです。

◆基本の文字

象形……一二八字（一二・七％）

指事……一八字（一・八％）

◆合わせ文字

会意……二八八字（二八・六％）

形声……六三字（六・三％）

＊兼用……五〇九字（五〇・六％）

（合計一〇〇六字）

（5）転注＝三段論法の手法で

許慎《きょしん》は、象形、指事、会意、形声のほかに、漢字の使い方として、「転注《てんちゅう》」、「仮借《かしゃ》」という二つを分類しています。転注、仮借というのは造字法ではなくて「漢字の使い方」というか、利用法といったようなものです。とはいっても、「転注」については許慎の説明はあまりはっきりしていません。そのためかどうか、研究者の間にはいろいろな説があるようです。ここでは一般的に通用していると思われる説を採って解説します。

転注というのは、「車が回転するように、一つの文字がほかの意味に転じ、また、水が注がれて流れるように、その字本来の意味を引き伸ばし、ほかの異義に流用する」ということです。簡単に言えば「もとの意味を発展させて解釈した使い方」といったらよいでしょうか。

たとえば「楽」は音楽、ミュージックの意味ですが、音楽は人の心を楽しませるものだというところから、「たのしむ」意味でも使われるようになりました。

こうした使われ方をすることを「転注」といいますが、この転注にも意味だけが転ずるもの、意味も音も転ずるものなど、いろいろあります。

◆意味（義）だけが転ずるもの

❖【念】……「今」と「心」

「念」の音は「今」の部分にあり、「ネン」は「キンの転音」です。本来の意味は、「心の中に今もある」ということで、心に強く留めておくこと、ずっと思い続けていること、思うこと。すなわち、「心中深く含んで考えること」（思念）ですが、この字の「今」の部分から「念」が「吟」と似た意味を持っているので、「口を大きく開けないで、唇を閉じたまま唸る」（念仏）という意味でも使われるようになりました。日本語では「念には念を入れる」のように「気をつける・注意して確かめる」（入念）のようにも使います。

❖【長】……象形・杖をついた髪の長い老人

老人が長い髪をなびかせ、杖をついて立っている姿を描いたもので、「齢が長けている、年が多い」（年長・幼長）が本来の意味ですが、齢の多いものは人の先頭に立って支配するところから、「かしら」の意味になり「地位の最高の人」（長官、局長、校長）などのようにも使われます。

❖【性】……「心」と「生」

「生」は植物の芽が地上に生え出るさまを表し、生まれつき持っている心（の働き）、人の力で左右することの出来ない本性、さがのこと（天性）でしたが、生まれながらにして中に持っているもの、すなわち、「外形のもとになるもの」（性別・形性）の意味でも使われ、「男性・女性」のように、肉体上の区別の意味でも使われます。

❖【情】……「心」と「青」

「青」は深い井戸の底にじっとたまっている澄み切った水（のような色）です。「情」はそのような澄み切った心、すなわち、「真心、なさけ」（情性）の意味でしたが、それを見たり、様子を心に思い浮かべたりするところから「ありさま、おもむき、あじわい」（情景・情趣）などの意味にも使われ、また、「自分のことから他人のことを推しはかる」（同情）の意味でも使うようになりました。

❖【革】……象形・動物の全身の皮

動物の皮を剥いで毛を取り去り、ぴんと張って陰干しに、脂を抜き取ったもの、「なめし皮」（革嚢・革履）の意味でした。なめし皮を作るには、何度もたるみをなくして張りつめるのですが、「たるんだものをぴんと張り直して立て直す」ところから、「改める」意味になり、「思い切って新しくする、あらためる」（革新・改革）という意味に転用されるようになりました。

◆音も意味（義）も転ずるもの

❖【楽】……象形・鈴や太鼓をセットした木の台

最もわかりやすいのは「楽」でしょう。鐘や太鼓などの楽器がセットされている形で、本来の意味は「音楽、音楽を奏でる」ことです。このときの読みは「ガク」（楽器・楽典）でしたが、音楽は聴いても楽しいし、演じても楽しいというところから、「たのしむ」意味でも使うようになりました。このときの読みは「ラク」（娯楽・快楽）となります。

❖【力】……象形・力を入れた腕の筋肉

腕の力瘤の形から出来た字で、筋力を表しました。いわゆる「力」（パワー）の意味で使われました。

そのときの読みは、おおむね「リョク」（握力・腕力）と読みますが、「力士」（力の強い男、金剛力士など）とか「力行」（努力して行う）などのようにも使われるようになり、「力いっぱい励む、力を出し切ってする」などの意味でも用いました。そのときの読みは「リキ」（力量・力投・力作）となります。

❖【説】……「言」と「兌」

本来の意味は「言葉で自分の意見を解き明かす」ということで、「解き明かした意見や文章」などを「説」といいました。「よくわかるように話す」ことに使います。このときの読みは「セツ」（解説・説教・説得）ですが、人に説いて自分の意見に従わせる意味で使うようになりました。そして「意見、考え」そのものの意味で使うようになり、このときの読みは「ゼイ」（遊説・説苑《ぜいえん》〈中国の名著〉）となります。

❖【悪】……「亞」と「心」

本来の意味は「美」や「善」に対する「悪」で、音読みは「アク」ですが、悪いものは憎まれるというところから、「憎む」という意味になり、このときの読みは「オ」（憎悪・悪心）となります。

❖【易】……象形・爬虫類《はちゅう》のヤモリ

ヤモリの形から出来た字で、ヤモリは日の光によってたやすく皮膚の色を変えるので、「かえる、とりかえる、かわる」意味で使い、このときの読みは「エキ」（貿易・交易）ですが、「やさしい、たやすい」の意味のときは「イ」（安易・簡易・容易）と読みます。

（6）仮借＝当て字も出来た

「仮借」は最近ではあまり使われていないようですが、文字のもとの意味とは関係なしに、ただその音だけを借りてほかの意味に転用するものです。いわば、同音異義の字を借りて表すというやり方です。「仮」も「借」も「かりる」ことを意味します。

例えば「せわ」を「世話」と書き、「カッパ」（雨よけに着るマント・ポルトガル語のcapa）を「合羽」と書き、「ロンドン」を「倫敦」と書くなどといった方法です。この場合の「世話」という熟語のどこにも「世話」本来の「気を配って、面倒を見る」とか「取り持つ」などの意味はありません。ただ単に「世」が「せ」であり「話」が「わ」という音を持っているだけでしかありません。

言葉が増えてくると、どうしても事柄やその概念を表す文字がないと不便です。そうしたとき、このように、その新しい言葉の音に当てはまる既成の漢字を借りて使う（代用）といったことをしたわけです。中国にコカコーラが入ってきた今では、それを「可口可楽」と書き、日本の「ヤマハ」を中国読みで「雅馬華」と書いているそうですが、これなどは明らかな仮借による表し方です。

明治になって、アメリカやフランス、その他、世界各国から入ってきた言葉を、漢字を使って日本語的な表記にした言葉もいろいろあります。「珈琲」、「麦酒」などはなじみの表記になってしまったようです。また、傑作なのは「クラブ」（英語）「タバコ」（ポルトガル語）ではないでしょうか。「倶」（ともに）「楽しむ」「部」（グループ）が「倶楽部」であり、「煙を出す草」が「煙草」だというのですから、これほどうまく考え、定着したものはないのではないでしょうか。

これらの言葉は、パソコンで「びーる・こーひー・くらぶ」と入力し、変換しただけで「麦酒・珈琲・倶楽部」と出るのですからたいしたものです。完全に市民権を得たといってよいでしょう。

こう書きながら思いついたのが「ジョーク」です。「ジョークを飛ばす」などと使いますが、これも漢字（熟語）で「冗句」と書いてあるのをよく見ます。念のために手元の辞書に当たってみました。

まず『英和辞典』（講談社）の方ですが、「Ｊｏｋｅ」の意味として「冗談、戯れ、笑いごと、物笑いのたね」などと出ています。今度は『大辞林』（三省堂）で「じょうく」を引きます。すると、なんと「むだな言葉、不必要な句」と出ています。これでは「Ｊｏｋｅ」になりません。もう一つ『現代国語例解字典』（小学館）を開いてみました。こちらも「冗句」は「むだな文句」と出ていて、用例が「冗句を削る」となっています。「Ｊｏｋｅ」は「冗句」と思っていたわたしが間違っていたようです。その書物の編集者か筆者が、わたしと同じように勘違いして使っていたのかもしれません。

◆【本義】から離れて仮借するもの

❖【来】……象形・穂がたれている麦

もとは「麥」（麦）のことだったが、麦は天からの授かりもの、天からくるものだと思われ、「くる」の意に用いられたので、「麦」は新たに「麥」（麦）という字を作った。

❖【豆】……象形・細長い脚のついた器

もとは祭祀に用いる祭器の形だったが、「まめ」と同音だったところから仮借され、後に

「菽」（シュク・まめ）の字が出来た。

❖【丁】……象形・器から水分があふれ出る様子

水や汁などが器からあふれる形から、園丁、馬丁など、勢いがよい、ぴんぴんしている若者などの意になったが、仮借されて町の区切りや、ものを数える言葉（豆腐一丁）などになった。

◆【本義】も生きていて仮借するもの

❖【女】……象形・ひざまづいた女性の姿

本来は男女の意味の女だが、汝と同音だったところから仮借して「なんじ」の意味にも使われるようになった。

❖【予】……象形・いろいろな品物

本来は与える意味だったが、予と同音だったところから仮借して「われ」の意味でも使われるようになった。

ここで一休みの意味で、関連した遊びをやってみましょう。

漢字のテストで、次のように書く人がいたそうです。遊びのつもりで、五問を正しく書き直してみてください。

①料妻健母
②脳力開発
③劣頭感をなくす
④全人未到
⑤痛勤電車

どこが間違いなんだろう、と思いませんでしたか。このように書いた人は、これらの熟語表記を正しいと思って使っているのか、苦肉の策で書いたのかわかりません。しかし、間違いではあっても、それぞれの言葉の感じがよく出ている漢字を当てはめたものだと感心してしまいます。

無粋なことをしますが、前記五問の正解を出しておきます（正解の方が面白くないなどと言わないでくださいね）。

①「良妻賢母」が正解です。「料妻健母」（料理上手な妻と健康で丈夫な母親）とは、なんと幸せな男でしょうか。

②「能力開発」が正解です。「脳」の力（記憶力・判断力など）を生活に役立てることだと思ったのでしょうか。

③「劣等感」が正解です。これは「優越感」の裏返し、いかにも頭脳が弱いと思ったのか、「劣頭感」となってしまいました。

④「前人未到」が正解です。「全人」は「それより前、過去の人たち」のことですが、「全人」〈すべての人々〉ととったのでしょう。「今までだれ一人として足を踏み入れたことがない」だから、「全人」で何が悪いといわれそうです。

⑤「通勤電車」が正解です。しかし毎朝、まさしく「痛勤」です。女性専用車両も復活しました。「痛勤」と書くこのユーモアの精神には脱帽です。

すでに使い習わされてきた熟語（ことに四字熟語など）は「こういう意味だ」という認識が出来ていますから、間違った使い方をすると恥ずかしいということになりますが、そのうちにどなたかが仮借の手法によって、「グラマー」「グラビア」なども漢字で当てて書くようになるかもしれません。楽しみです。

第四章

漢字にはつきぬ面白さがある

漢字のメルヘン・実践編

人体・人体各部編（人の全体や部分から出来た字）

（1）互いに助ける【右】（ウ・ユウ・みぎ）と【左】（サ・ひだり）

右 ……「ナ」（助ける手・右手）と「口」（くち）

「ナ」は「右手」を横から見た形です。「口」は、そのものズバリの「口」ですから、「右」は「口をかばう右手」「口に出して助け導く手」のことで、「助ける・みぎ」の意味を表しました。ものを食べるときに、「食べるものを口に運ぶ助けをする手」でもあります。

「右」には、左右の「みぎ」のほかに、「助ける」という意味がありますが、手だけでは足りなくて「口」を添えて助けるからだという説もあります。のち、〈にんべん〉を付けた「佑」という字が出来て、「佑」を「助ける」という意味で使うようになったので、「右」はもっぱら「みぎ」の意味で使われます。「右」の筆順は「ノに　よこぼうで　口つける」と唱えます。

左 ……「ナ」（助ける手・左手の形）と「工」（工作）

「ナ」は、「ものをかばうようにして持つ左手」の形です。「工」は「さしがね」の形で、細工することを表します。仕事（工作）をするとき、右手に添えて右手を助ける手のことで、「助ける・ひだり」の意味を表します。
「右」に合わせた言い方をすると、食事のとき、食べ物を口に運ぶ「右手」を助けるために、食器を口の近くまで持っていく手。すなわち、「補助」の手が「左手」というわけです。のち、右手の「佑」と同じように、助ける意味には〈にんべん〉を付けた「佐」を使い、「左」は「ひだり」の意味になりました。「左」の筆順は「よこいち　ノをかき　工をつける」と唱えます。

【右手と左手】でシェイクハンド＝【友】

「左」と同じように「ナ」の形を持った字が「友」という字です。「友」（ユウ・とも）は「ナ」と「又」とから出来ています。「ナ」は、ものをかばうようにした左手の形でしたが、「又」は、右手を横から見た形です。「友」は左右両手を描いたものですから、左右両手でかばい合うことを表します。これをシェイクハンド（握手）の形と見ると、仲良くかばい合うということになり、「かばい合う仲間」と考えて「友達」の意味として使われます。

（2）腕で抱え込む【公】（コウ・おおやけ）と【私】（シ・わたくし）

「八」（ハチ・わける）と
「ム」（シ・ひじを抱え込む形）

「八」は左右に分けることを表します。「分」という字の上部と同じです。「ム」は、肘を曲げた形です。何かを抱え込むときのしぐさです。抱え込んだ腕の中には三角形の空間が出来ます。その空間に物を挟むわけで、ですから「腕で抱え込む」という意味があります。

この「厶」に「广」（まだれ・家屋に関する字の意符）をつけた「広」は、中ががらんと空いていることを表し、「ひろい」意味です。「強」（一〇三ページ参照）で、「厶」に「弓」を添えた「弘」という字がありますが、これは「弓に糸を張るさま」を描いたもので、糸をぎゅっと引っ張ると「弓」と糸との間に広い「空間」が出来ます。まるで、「腕で抱え込んだ空間」と同じです。それで、「枠いっぱいに張って中が広い」という意味を持っています。

「公」は「八」（わける）と「厶」（抱え込む・独り占めにする）ですから、独り占めすることをせず分け与えて、「みんなに分け与える」「みんなのものにする」といった気持ちです。学校にも「公立」と「私立」がありますが、この「公」と「私」は、だれでも入れる学校と、選抜して入れたい子だけを入れる学校の違いといったらいいでしょうか。

……（カ・いね・のぎ）と「ム」（シ・抱え込む）

「公」と「私」が同じ部品を持っていることがわかるでしょうか。「禾」は稲の穂が垂れ下がっている形です。「粟」だともいいます。穀物の総称ですから「稲」「穂」などの字でも意符として使われています。「公」で説明したように「厶」は、腕に抱え込んで独り占めする形だといいましたが、それに「のぎへん」（稲）をつけて、実った稲を抱え込んで、自分だけで独占することを表します。「わたくしする・自分だけ」の意味になりました。

田植え、稲刈りは大昔から各集落の共同作業です。欲深な男がいて、隣近所の人たちに手伝ってもらい総動員で植えた田ではありますが、秋になって、実った稲を目の前にすると、収穫した稲をみんなに分けるのが惜しくなったのでしょう。独り占めしたくなったのです。こうした状態を「私利私欲」といいます。これが「私」（わたくしする）という字です。「私」の反対は「公」です。「私用」「私物」とは大違いです。

(3) 指や腕の長さで決めた【寸】（スン）と【尺】（シャク）

……右手の形に一をつけた形

右手を横から見た形です。手首のところに「一」が添えられています。指一本の幅は「尺」の十分の一で「一寸」（日本では三・〇三センチ）です。寸は指一本を意味していて、指一本の幅が尺の十分の一だったところから、長さの単位は自然に十進法を取ることになったともいいます。このあたりのことは、長さの単位などがまちまちでもあり、確定的なことが言えません。指を四本並べたのが四寸で、これを「ふ」とも言ったそうです。また、手首から一寸あたりの脈を計るところを「寸」ともいい、「長さ・わずか」の意味を表したり、手の動作一般に使います。漢字を組み立てるときは「手」とか「手をつける」「手をおく」などの意味が生まれます。

……親指と中指をいっぱいに開いた形

「尺」は、男の人が手を開いて、親指とほかの指との間を広げて計ったときの、親指と中指の間の長さです。約三〇・三センチが一尺だといわれています。女性の手の開きの長さは「咫」（シ）といい約一八センチだったといいます。一尺は一寸（三・〇三センチ）の一〇倍で、「尺」には「ものさし・長さ・たけ・区切り・ごくわずか」などの意味があります。

ついでにいいますと、「尋」（ヒロ）は、両手、両腕を広げて伸ばした長さで、その長さは八尺とも六尺ともいわれます。「尋」は「右」と「左」とを組み合わせた字です。

（4）やったり取ったりする【受】（ジュ・うける）**と【授】**（ジュ・さずける）

 ⋯▶  ⋯▶ 受 ……「爫」（つめ）と「冖」（舟）と「又」（右手）

「爫」は、「爪」という字の変形ですし、「又」も右手を横から見た形で、ともに「手」でする動作を表します。「冖」は「舟」です。「爫」は、舟の外の手、「又」は舟の中の手ということになります。陸上の手と、船内の手とが積み荷の受け渡しをしているさまを表します。

昔は、揚子江と黄河という二つの大河を中心に、その支流地域では水上交通が発達していました。舟ですと一度にたくさんの荷物が運べるからです。

「授」という字が出来るまでは、「受」一字で「やること、もらうこと」の両方の意味を表していました。今では「受け取ること・受け入れること」のほかに「ひどいめにあう」ことも「受ける」といいます。また、「うける・うかる」は「受験」にも使われます。

授

……（てへん）と「受」（うけとる）

「受」と「授」、どちらも音は「ジュ」です。「てへん」は手ですることを表す字の意符です。「受」は、舟の中の手と、陸の手とが品物を受け渡しするさまでした。受け渡しのどちらが「受ける方」で、どちらが「渡す方」かわかりませんので、意味概念を明確にするために、「受」という字に、さらにもう一つ手の動作を表す「てへん」をつけて、「授」という字を作りました。そして、こちらを「やる側」、すなわち、「さずける・受け取らせる」意味とし、従来の「受」は「もらう側」、すなわち、「受け取る」の意味にしました。

「やりとり」は「金銭の授受」のように「授受」と書きます。「受授」ではありません。また、「受賞」と「授賞」も書き分けなければなりません。

(5)「十」のあるなしで違う【拾】（ジュウ・ひろう）と【捨】（シャ・すてる）

拾

……「扌」（て）と「合」（集まった人のいうこと）

「手」と「合」とで、両手でものを合わせて収める、すなわち、「拾い集める」意味を表します。下に落ちていたものだけでなく、「勝ちを拾う」のように、思いがけず得難いものを手に入れたときも「拾う」といいますし、「活字を拾う」のように、多くの中から探し出すことも「拾う」

です。「拾いもの」を「拾得物」といいますが、「拾得」は「シュウトク」と読んで「拾うこと」、訓読みで「ひろいどく」と読むと、拾った人の利益になること。また、これを「ジットク」と読むと、唐の高僧「寒山拾得」の「拾得」を指します。

捨……「扌」(て)と「舎」(体をゆるめて休めるあずまや)

手をゆるめて持っていたものを離すことから、「捨てる・手放す・そのままにしておく」の意味を表します。「拾」と「捨」の字形を比較してみてください。似ているけど違う、その違いはどこにあるのでしょうか。

【捨て石】の意味――「捨て石」というのは、庭の所々にポンポンと置いて、自然のように面白味を添える石のことですが、堤防や防波堤などを造るとき、水勢を弱め、水底の基礎にするために、水中に投げ入れる石も「捨て石」といいます。また、碁であとの効果を考えて打つ犠牲のための石も「捨て石」といいます。こうした使い方を集約して、辞書的にいうと「直接効果はないが、将来の利益を予想して行う予備的行為」ということになりそうです。

(6) 左右の足跡を示す【止】(シ・とまる)と【歩】(ブ・ホ・あるく)

止……足跡の形

今度は「歩行」に関する字です。「止」は、向こうへ歩いていった左足の足跡を描いたものです。特に左足にはこだわりません。右、左、右、左……と歩いていった足が、ある時点でピタッと立ち止まった形なので「とまる」意味を表します。

反対に、こちらに向かって歩いてくる足の形もあります。「夊」という形です。「夏」「後」などの字に使われています。「ふみとどまる・一つところにいて動かない」（例＝静止……じっと動かないこと・位置を変えない・止まって動かなくなる）などの意味があります。

◆「正」（セイ・ただしい）……「一」と「止」

目標を表す「一」と「止」との合わせ字です。足が目標まで届いてピタリと止まるということで、これはまさしく「正しい」「正確」だというわけです。

……「止」（左足の形）と「少」（右足の形）

「止」は、向こうへ行く左足の形でしたが、「少」は反対に右足を描いたものです。右足、左足、右足、左足……と、歩を進めるさまを描いたものです。この形から「歩く」ことを表しました。

「止」は「止まる」、「歩」は「歩く」というわけです。

◆「渉」（ショウ・わたる）……「氵」（さんずい）と「歩」

「歩」は、一足一足と踏みしめて歩くことでした。そして、「さんずい」は「水」に関する字の意符です。ですから、「渉」は、川や海など水の中を、こちらの岸から向こう岸へと、ザブザブ歩いて渡ることを表しています。それで「わたる」という意味があります。

また、こちらから向こうへ行くわけですから「先方と関係する」という意味が生まれ、「渉外」とか「交渉」のように、「相手と関わる」意味を表すようになりました。

◆「捗」（チョク）……「扌」（てへん）と「歩」

この字は「手」と「足」ですからよくわかる字だと思います。休まずに手や足を使えば、仕事がよくはかどります。それで「はかどる」という意味があります。仕事の「進捗」状況を報告せよ、というときの「進捗」は「仕事のはかどり」という意味です。

(7) 礼儀正しい【送】（ソウ・おくる）と【迎】（ゲイ・むかえる）

……「关」（続くこと）と「辶」（しんにょう）

「关」は両手で杵を持ってつくことですから、餅が出来上がるまで「長く続く」意味があります。「辶」は「行く」と「止まる」の合わせ字で、行っては止まり、止まっては行く、すなわち、「どこまでも行く」意味があり、歩行に関する字の意符になっています。

「送」は人を訪ねるとき、主人のあとに長く続いて付き添って（お供をして）物を持っていくことから、「おくる・とどける」の意味を表しました。

【おくる】のいろいろ

◆贈……人に物をやる・先方を富ませること（贈与）

◆送……人を送り迎えする・送る・物を届ける（送別）

◆遺……物を人に送りそこに残しておくこと（遺賜）
◆餞……旅人にはなむけをおくること（餞別）

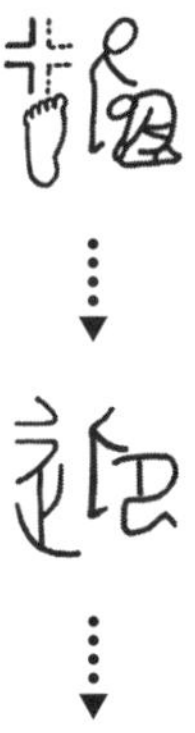
迎……「卬」（ゴウ・ギョウ）と「辶」（しんにょう）

「卬」の左側は「立った人」、右側は「仰ぐ」と同じ「向かい合って座った人」です。こちらに向かってくる人を出迎えにいく形です。「送迎」は「送ることと迎えること・送り迎え」で、わかりやすいと思います。

【むかえる】のいろいろ

◆迎……来る人を出迎える（歓迎）
◆対……差し向かう（対抗）
◆向……目あての方へ正面に向く（向上）
◆逆……来る道まで出かけて迎える、行き会って迎えること（逆旅＝旅人を迎える意）

(8) あなただけを待ちましょう【遅】（チ・おそい）と【速】（ソク・はやい）

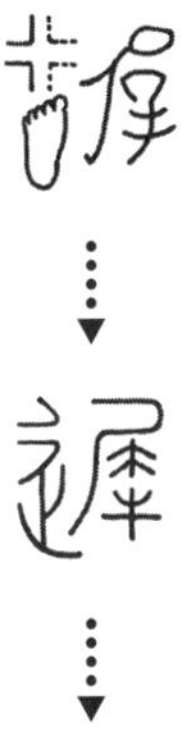
遅……「犀」（さい）と「辶」（しんにょう）

「犀」（さい）は、歩みの鈍い動物の代表とされていたようです。「辶」は歩くことですから、

「おそい・おくれる」「くねくねと回り遠く行く」という意味になります。「遅」は常用漢字の字体です。

……「朿」（ソク・たばねる）と「辶」（しんにょう）

「朿」（ソク）は木を束ねた形です。まきをきゅっと束ねて揺るがないようにするのと同じで、心を引き締めて、サッサッと歩くことで「はやい・すみやか」の意味になりました。

【遅速】

遅速《おそはや》も　汝《な》をこそ待《ま》ため　向《むか》つ峰《を》の　椎の小枝《こやで》の　逢《あ》ひは違《たが》はじ（『万葉集』巻一四・作者不詳）

意味 遅くても速くても、あなただけを待ちましょう。向こうの峰の椎の木の小枝が茂って葉が重なり合っているように、あなたにはきっと逢えるのですから。

(9) 距離の長短 【遠】（エン・とおい）と【近】（キン・コン・ちかい）

……「袁」（エン・オン、着物の懐に物を入れた形）と「辶」（しんにょう）

「袁」（エン）は着物の懐に物を入れている形で、「ゆったりしていること」を表します。「辶」は歩いていくことです。

懐に物を入れて、どこか遠くへ届けに行くのでしょう。遠いところなのでゆったりと歩いていきます。長い意味の「延」（エン）と同じ音です。

客が遠いところからはるばるやってくることを「遠路」といいます。「遠路はるばるご苦労様」などとねぎらいます。また、「遠交近攻」という言葉もあります。遠くの国と仲良くして近くの国を両国が挟み撃ちにして攻め滅ぼし、そうしてどんどん領地を広げていくのです。

「論語」に復習の大切さ、友人の大切さをいった言葉があります。

子日《しのたまわ》く、学んで時に之《これ》を習う。亦説《またよろこ》ばしからずや。朋《とも》あり遠方より来《きた》る、亦楽しからずや。人知らず、而《しか》して慍《いか》らず、亦君子ならずや。

……「斤」（キン・コン・おの）と「⻌」（しんにょう）

「斤」（キン）は木を切る斧の形です。どこからか、木を切っている音が聞こえます。これは遠くではありません。「コーン、コーン」という斧の音が聞こえるということはすぐ近い距離だというわけです。

歩く距離の長いのを「遠」といい、少ないのを「近」といいます。「わずか」の意味の「僅」と同音です。

この項を書いていて「近」でどんなものが出てくるか、興味を持ってインターネットを開けてみたら、なんと近現代・日本のお金（http://chigasakioows.cool.ne.jp/）というのがありました。開けてご覧ください。驚きますよ。

⑽ 人生そのまま【泣】（キュウ・なく）と【笑】（ショウ・わらう）

 ……▼  ……▼ 泣 ……「氵」（さんずい）と「立」（前を向いて立つ）

立って泣いている人の目から流れ落ちる「水」、それは涙。涙を流すことは、すなわち「泣く」ことです。流行歌などでは「さんずい」に「目」で「泪」（ルイ・なみだ）という字も使うようです。「涕」（テイ・タイ・なみだ）は「上から下へたれ落ちるなみだ」で、「涙」は「はらはらと散り落ちるなみだ」だとか。

【なく】の違い

◆泣……悲しみのあまりに涙を流して泣くこと（感泣・泣涙）
◆号……大声を出して泣くこと（号泣）
◆哭……人の死をいたんで声を上げて哭くこと（痛哭・慟哭）
◆鳴……鳥や獣などが鳴くこと（鶏鳴）
◆啼……声を上げて悲しみ啼くこと（啼泣・啼哭）

 ……▼  ……▼ 笑 ……「竹」（たけ）と「夭」（からだをくねらせてわらう）

人がおなかを抱えて笑っている形は、風に吹かれたときの竹の揺れ方と似ているのだそうです。それで「わらう」意味を表しました。「妖」はなまめかしく体をくねらせた女、こんな女性がい

ますね。

「笑う門には福きたる」と言って、いつも家族の仲がよい家庭には、幸運が巡ってくるといわれています。「笑いこける」という言い方は「笑い転げる」と同じですが、「こける」は標準語ではないようです。地方によって違うのでしょう。また、「笑わす」ことを「笑かす」という人もいます。馴染まない言い方です。馬鹿にしたような笑いには、「嗤う」と書くこともありますが、この字は常用漢字ではありません。「あざ笑う」感じが強いようです。

(11) 人体と水で表現する【死】（シ・しぬ）と【活】（カツ・いきる・いかす）

死

……「歹」（ガツ・ほね）と「匕」（ヒ・変化）

「匕」は人が逆さになった形で「様子が変わること」を表します。人が死ぬと機能や体が分解します。そして、肉が落ち、骨になることから「しぬ・ころす」などの意味になりました。

【しぬ】のいろいろ

◆死……生命を失う、広く人の死をいう
◆夭……天寿を全うしないこと
◆没……生命が終わること
◆卒……中国では大夫の、日本では四位・五位の人の死
◆崩……天皇の死の敬語で、古くは上皇・法王にも用いた

◆終……何事も全うして済ました意（終焉）
◆薨……中国では諸侯の死、日本では皇太子・親王・女御・大臣・三位以上の人の死

活……「氵」（さんずい）と「舌」（ゼツ・した）

「舌」（したべろ）はベロベロと盛んに動きます。盛んに動く「舌」と「水」とで「盛んに動く水」を表現しました。「活きる・生き生きしている」という意味があります。気絶した人をよみがえらせる方法を「活を入れる」といいます。「活溌溌地」は「あふれるばかりの活気」をいう言葉で、「魚が跳ねるように勢いのよいさま」のことです。

⑫ 一時の積み重ね【貸】（タイ・かす）と【借】（シャク・かり）

貸……「代」（タイ・ダイ、人と境の杭で代えること）と「貝」（カイ・お金）

昔、平和なときは国境の番兵は不要で、しるしの棒杭を立てておきました。戦が始まるとそうはいきません。杭の替わりに見張りの番兵を置きました。お金の関係でも同じです。質草（保証）を受け取ってお金を渡す方（これを「質に取る」という）が「貸す人」で、質草を持ってきてお金に代えてもらう方が「借りる人」です。そのように、しばらくの間、お金の持ち主を自分から相手に代えることから「かし・かす」意味になりました。

……「亻」（にんべん）と「昔」（シャク、積み重ねる）

「人が積み重なる」とか「人を積み重ねる」というのは、人の力を何重にも重ねてもらうこと。これは「借りる」ことです。また、金や物や力が不足しているとき、上に積み重ねて補助してもらう、加えてもらうことでもあるので、一時「借りる」とか借用（借りて使う）の意味になりました。

「借花献仏」という言葉がありますが、これは「花を借りて仏壇に献ずる」、すなわち、他人のものを別の人にプレゼントすること。だれでしょう、そんなことをするのは……。

⑬ 心を開放する【悶】（モン）と【喜】（キ・よろこび）

……「門」（両開きの門）と「心」（こころ）

閉ざすのは、家の出入り口の門だけではありません。

人は心まで閉ざすことがあります。「悶」という字は、「門」（入り口）の中に「心」を閉じこめると書きます。「自分の心を閉じてしまって、外に出さないようにすること」「自分だけであれやこれやと考え込むこと」「思い煩ってふさぎ込んで、気が晴れないこと」、これらを「悶」といいます。

よく聞く言葉としては、「悶々とした生活」とか、「苦悶の表情」などがあります。「悶着をおこす」ともいいます。

 ……  …… 喜……「壴」（楽器とそれを乗せる台）と「口」（コウ・くち）

太鼓をたたいて音楽を奏で、神に祈っては喜んで口をあけて笑い合うことから、「よろこぶ・たのしむ」という意味を表しました。「喜」に「女」をつけた【嬉】（キ・うれしい）は女性たちが喜び賑やかに笑い合うことです。「喜」と近い概念で【和】（ワ・なごむ）がありますが、これは稲がよく実って、喜びを口にすることで「やわらか・なごむ」の意味で使います。

【よろこぶ】のいろいろ

◆喜……怒・悲・憂の反対で、うれしがり機嫌のよいこと
◆悦……心の中で楽しむこと
◆愉……喜びが顔色に表れること
◆賀……物を贈り挨拶して喜び祝うこと

(14) 口で行う動作の【吐】（ト・はく）と【吸】（キュウ・すう）

 …… 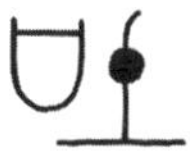 …… 吐……「口」（コウ・くち）と「土」（草や木が芽を出す）

「土」は万物を吐き出す大地だといいます。「吐」という漢字には「土」が使われていますから、やはり「万物を吐き出す」という意味なのだろうと推測できます。

胃の中いっぱいになったものを口から吐き出すことで、「もどす・口に出していう・内にこめたものを外に出す」といった意味です。

【はく】の違い

◆吐……呑むの反対、吐き出すこと（吐瀉）

◆喀……つかえて吐き出すこと（喀血）

◆嘔……続けて吐くこと（嘔吐）

◆噴……勢いよく噴き出すこと（噴水）

……「口」（コウ・くち）と「及」（キュウ・およぶ）

「及」は「人と右手の形」で、後ろの人が前の人を追いかけてきて、やっと手が届いたといった気持ちです。

口を大きく開けていると、空気が次から次へと追いかけるようにして入ってくる。そこで、息を吸い込むときの〈キュッ〉という音と口とで「口から息を吸い込む」意味になり、それが「鼻から息を吸う」場合にも使われるようになったものです。「ひきつける・吸い込む・息を吸う」などの意味があります。

動物編（動物の形から出来た字）

(1) どちらも楽しい【買】（バイ・かう）と【売】（バイ・うる）

買 ……「罒《もう》」（モウ）と「貝」（バイ）

「罒」は部首名を「あみがしら」といいます。もとは「网」の形でしたが、現在は漢字の「目」を横にしたような「罒」の形になりました。魚や虫などを捕る「あみ」の形です。「罠・署・罪・罰・罹・罵・羅」などに使われています。

よく道端などに近所の生ごみを集積して網をかけてあるのを見かけます。あれは犬猫やカラスが荒らすのを防いだり、道路に飛散しないようにするための防御網だそうです。昔から、漁業では集積したものをひとまとめにして、かぶせておく網としての利用法もあったようです。

「罒」の下にあるのは「貝」の形です。貝は、昔、お金の代わりとして使われました。中国は国土が広いので、海を知らない人々もたくさんいました。そうした人々には特に貝がたいへんに珍重されました。紀元前五世紀ころまで、貝が貨幣の役目を果たしていましたので、「お金や財産に関する字」にはこの字が偏として使われています。

さて、「買」は「あみがしら」と「貝」の合わせ字です。「貝」は「貝」であると同時に、お金・財産です。網ですくい取ったり、かぶせて保管したりするほどもある財貨を使って、ものを買い集めることだとしてもよいでしょうし、素直に「網で魚介類を捕ること」だとしてもよいでしょう。現在では「お金を出して物品を手に入れること」を「買」といいます。

売……「出」（シュツ）と「買」（バイ）

「売」の旧漢字（本字）は「賣」であり、この略体が「売」です。常用漢字では「売」が本字です。旧漢字「賣」は「出」（シュツ）と「買」（バイ）の合わせ字で、「買」ったものを「出す」ことですから、「仕入れて、それを売る」ということで、利益を求めることです。「代金を得て、ものを他人に譲り渡す」が本義です。

【うる】の違い

◆売……買うの反対、あきなう（商売）
◆販……安く買って高く売ること（販売）
◆貨……品物を売り渡すこと（貨者）
◆賈……カ・コと読み、店で売ること〈歩いて売るのは商〉（賈販）

（2）弓から出来たか【強】（キョウ・つよい）と【弱】（ジャク・よわい）

強……「弘」（コウ・ひろい）と「虫」（チュウ・むし）

「弘」は弓の弦をはずした形ですし、「虫」はカイコです。弓に使う糸は、蚕からとった糸（天蚕糸・テグス）を使い、そのテグスに松脂などを塗って、強い力で引いても切れないようにしたようです。そこから「強い・強くする」の意味になりました。

しかし、いくら「強い」といっても、その強さに対して、中国には次のような言葉が用意されています。「強弩《きょうど》の末は魯縞《ろこう》をも穿《うが》つ能《あた》わず」といって、「強い石弓（弩＝いしゆみ）で射た矢ではあっても、その勢いの弱まるところでは、魯国（山東省）で作った薄絹をさえ、通すことは出来なくなってしまう」ということです。「いくら強大な力を持っていても、衰える時期には、何事もなし得ないものだよ」といっているわけで、権力者や強国の末路などをいうようになりました。

……口を開けた二羽の雛鳥

「弱」も、「弓」をもとにして作られたように見えますので、飾りや模様の付いた装飾用の弓だとしてもいいでしょうが、ここでは、成り立ち「巣」との関係で、親鳥のくわえて帰る餌を、ひな鳥が巣の中で首を長くして待つ様子だとします。生まれたばかりのひな鳥は、弱々しい姿をしているので、その形から「弱い・力がない・年が若い・なよなよと柔らかい」などの意味になりました。

「弱い」といっても、その弱さにはいろいろなものがあります。「力や勢いがない」のも、「精神的にもろい」のも、「病気になりやすい」のも、「耐える力が足りない」のも、すべて、「弱い」です。ハムレットにいわせると、「弱きもの」それは「女」だそうです。この場合は「母の心の弱さ」をいったものです。

「弱肉強食」は、弱いものが強いものに喰われることで、「優勝劣敗」と同じ意味です。「弱」には「体つきなどがまだ柔らかく若い」という意味がありますので、「弱年」とか「弱冠」などと使います。持てる才能や能力が豊かなのに、年齢のまだ若いことを「弱冠」といいます。音の「ジャク」は「若」に通じています。「弱年」「若年」などというからでしょう。

（3）飛び立ち、戻る【不】（フ）と【至】（シ・いたる）

……鳥が飛び立つさま

上の「一」は天空をイメージしています。そして、その天空をめざして鳥が一羽飛び立ちました。「鳥が飛び立ち、下りてこない」ということから、「〜しない」というように「否定」の意味で使われます。花の萼《がく》の形だという説もありますが、この字は現在、その意味では用いられていませんので、ここでは「鳥の飛び立つ形」とし、「下り来たらず」（『説文解字』）と取るのが面白いと思います。

……鳥が飛び降りるさま

当然「不」と一対のものとして、ここでも「地面に向かって飛び降りる鳥」（『説文解字』）だとしてます。天空から地面めざして一直線に飛んできて、地面に到着すること、「地面にピッタリと着く」ことです。すると、もうその先には進めません。ですから「行き着く」「いたる」「自分のところまでやってくる」という意味があります。これも、矢が飛んできて突き刺さった形だという説もありますが、飛び去った鳥の「不」と対応させて見ていくのが、面白いでしょう。

【至】を使った字

◆「室」（シツ・むろ）……「宀」（ウかんむり）と「至」

「宀」は、家や建物を表す字の意符です。「至」は「至り着く」こと、「行き着く」ことでした。ですから「一番奥の行きづまりの部屋」というのが「室」の意味です。プライベートの部屋です。「むろ」と読むときは「奥深くふさいだ穴」（例・氷室）のことです。

◆「到」（トウ）……「至」と「刂」（りっとう）

「至」は「至り着く」こと、「行き着く」こと。「りっとう」は「刀」の変形で、刀剣や武器類に関する字の意符です。刀は剣と違って、先端が反って曲がっていますので、「至」が「真っ直ぐ一直線に行き着く」のに対して、「到」は「曲がって行き着く」、すなわち、あちこち曲がりくねって至り着くことを表します。やっと「到着」するなどと使います。

◆「倒」（トウ・たおれる）……「亻」（にんべん）と「到」（トウ）

「到」は「曲がって行き着く」ことでしたし、「にんべん」は人体に関する字の意符でした。「人体」と「曲がって行き着く」とは、「頭を地面につけて逆さまに立つ」こと。身体をぐっと曲げて、または弓なりに反って、頭が地面に着く様子だと考えてもよいでしょう。「倒」には「倒立」という言葉のように、「逆さま・逆さまにする」「倒れる・倒す」などの意味があります。

(4) 尾の長短で異なる【鳥】(チョウ・とり)と【隹】(スイ・とり)

鳥

……尾の長い鳥の形

尾の長い鳥の総称で、象形です。尾が垂れ下がっているところから「ぶらりと下がる」という意味も含まれます。

聖人が世に出たとき、めでたい印として表れるという雌雄の鳥を「鳳凰」といいます。

また「鳩」は「クークー」と鳴くので、「九」と「鳥」から成り、「ガーガー」と鳴く鳥は「鵞鳥」です。からすは「牙牙」(あーあー)と鳴くので「鴉」と書き、「甲甲」(あっぷあっぷ)と鳴くのは「鴨」だというわけです。

隹

……尾の短い鳥の形

「鳥」が尾の長い鳥の形だったのに対して、「隹」は尾の短い鳥の形です。雀のようなすばしっこい鳥をいいます。小さい鳥の代表として「燕雀」(つばめとすずめ)をあげますが、「少」と「隹」で「雀」という字が出来ています。

さらに「集」は「隹」と「木」から成ります。もとは「木」の上に「隹」を三つ書いたものでした。木の枝に集まる小鳥を表したものです。「雄」にも「雌」にも「隹」が使われています。

「雇用」といいますが、この「雇」は「戸」(とびら・とじる＝一二七ページ参照)と「隹」から出来ています。かごの戸を閉じて鳥を飼うことを表します。そこから「人を住み込みで雇うこと」を「雇」といいました。

(5) 処理の仕方で違う【皮】（ヒ・ビ・かわ）と【革】（カク・かわ）

皮……毛皮を剥いだ形

「皮」は動物の毛皮を剥いでいる形です。ですから「皮」には手を横からみた形の「又」がついています。獣の皮は古代の衣服や武具の大切な材料でした。「皮」には表面にかぶるもの、という意味が含まれています。「みかんの皮」とか「面の皮が厚い」などというのはその意味です。

【「皮」を持つ漢字】のいろいろ

◆「波」（ハ・なみ）……「氵」（さんずい）と「皮」

剥いだばかりの動物の毛皮のように、「でこぼこして上がったり下がったりする水」が「波」だというわけです。「うねうねと続くもの」という意味もあります。

◆「破」（ハ・やぶる）……「石」と「皮」

石で作った斧《おの》で毛皮を剥ぐことです。「破く・こわす・破壊する」などの意味があります。分かりやすい字だと思います。

◆「被」（ヒ・こうむる）……「衣」と「皮」

「皮」には「表面にかぶるもの」という意味がありました。「獣の皮をかぶるように着る衣服・

かぶりもの」のことから、一般に「上からかぶる」という意味に使われるようになりました。

◆「疲」(ヒ・つかれる)……「疒」(やまいだれ)と「皮」

「疒」(やまいだれ)は病気に関する意符です。からだが病気や疲れで波のようにふらふらして、シャンとせずに、うねうね曲がることです。「疲労」は特徴的な熟語です。

革 ……動物の首と尾と両足の形

「かわ」には「皮」のほかに「革」と「韋」とがあります。「革」は動物の皮を剥いで、それをさらに、きれいに毛を取り去って陰干しにしたものですし、「韋」は「なめしがわ」です。なめし皮は毛や油を抜いてやわらかくしたものですから、「皮へん」に「柔」をつけて「鞣革」(なめしがわ)とも書きます。「皮」は動物の毛皮を剥いだものでしたが、加工した皮をひっくるめて「皮革」のようにいうこともあります。

また、「かわ」といったとき、動物だけでなく植物でもいうことがあります。「木の皮」を「樹皮」というのもそれです。

◆「鞁」(ヒ・ビ)……「革」と「皮」

面白い字です。ここで使われている「皮」は「被」の省略で「被せる」意味です。「鞁」は牛や馬の胸に被せるように当てておく車を引かせる皮ひものことです。「むながい」といいます。鞍に掛け渡す組み紐です。また、馬具を馬の体に被せることでもあります。

植物編（草や木の形から出来た字）

(1) 根元と先端の【本】（ホン・もと）と【末】（バツ・マツ・すえ）

本……立ち木の根元に印をつけた形

木にも、根・幹・株・枝・梢など、いろいろな部分があります。「本」は木の根元に印をつけて、「ここだよ」と指し示した形です。「根本」が本義で、「もと・大事なところ・おもな・中心となる」などの意味があります。「もとも子もない」というときの「もと」は、「元」であり、「本」とは書きません。

【もと】の違い

◆本……末の反対、物事のあとさきについて使う（根本・本店↓支店）

◆元……始め、はじまり（元年）

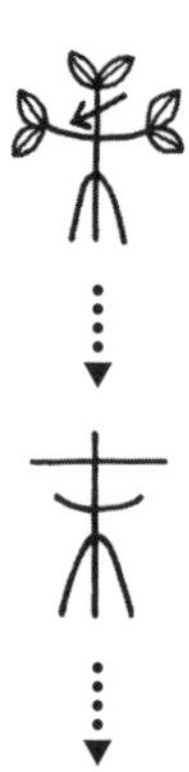

末……木の梢を指し示した形

今度は、木の枝の先端です。木の先端、すなわち、梢を「ここだよ」と指し示した形が「末」です。書くときは、「木」のよこぼうより上のよこぼうを長く、強調して書きます。上のよこぼうを短く書くと、「末」になります。「末」は、木の枝の先端のことですから、「先・端・すえ・おわり・物事の大事でない部分・下位・小さく見えにくい」などの意味があります。

「末の露、本の雫」といって、朝日を浴びて、あんなにきらきら光っていた真珠のような「葉っぱの露も、根本にかかる雫も、やがては消えてしまう」といいます。「親孝行、したいときには親はなし」と同じです。

【末】を持つ字

◆【抹】（マツ）は「扌」（てへん）と「末」で、「末」は、木の枝の先の部分を表した形、「梢」のことでした。そして、「小さくて見えにくい」という意味があるといいました。「てへん」は「手」の動作を表す意符です。「手でこすって見えにくくすること」が「抹」の意味です。焼香するときに使う「抹香」。あの「抹香」は、しきみの葉や皮を乾かして、手でもんで見えにくい程の粉にした香です。

◆【沫】（マツ）は「氵」（さんずい）と「末」です。「さんずい」は「水」の意符ですから、「見えないほど小さい水の粒」というわけです。「水しぶき」のことを「飛沫」といいます。「沫雪」は溶けやすい雪のことで、「泡雪・淡雪」をいいます。

（2）幹から分かれた【枝】（シ・えだ）と【葉】（ヨウ・は）

……「木」（き）と「支」（わかれる）

花は、木のどの部分に咲くのでしょうか。それは「枝」です。「枝」という字の「支」は、竹の枝を手に持った形で、「わける・分かれる」（例＝支流・支店など）という意味です。

「枝」は、「木の幹から分かれて出来た小さな木」のことで、「えだ」の意味です。植物だけでなく、「ものの本体・本筋から分かれたもの」をいうときも「枝」を使います。「枝葉末節」という言葉がありますが、これは、大もとの中心となる幹から分かれた「枝葉や末節」ということで、「本筋から外れた部分」とか「物事の大切でないところ」のことです。

葉

……「艸」（くさ）と「枼」（ヨウ、木の枝に茂った葉）

木の枝に茂っていて、落ちては生え、落ちては生える青い「葉」。そこから「木や草の葉」の意味を表しました。また「葉」は薄いものなので、「ハガキ一葉」「写真一葉」などのように「薄いもの」とか、「薄い物を数える言葉」としても用いられます。

「葉を欠いて根を絶つ」といいます。「枝葉をとってしまったために、大切な根本をだめにしてしまった」ということですが、常日頃そんなことのないように気をつけたいものです。

(3) はな、それぞれの【花】（カ・はな）と【英】（エイ）と【華】（カ）

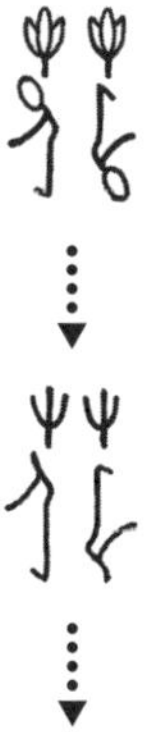

花

……「艸」（くさ）と「化」（かわる）

花が咲くと草の姿が変化します。そこから「花」の意味になりました。また、「つぼみ」↓「はな」↓「ちる」というように変化するところからだという説もあります。

美男・美女の代表といわれているのが在原業平《ありわらなりひら》、小野小町《おののこまち》です。その小町が、業平に贈った歌「花の色は移りにけりな　いたずらに　わが身世にふる　ながめせしまに」は、『古今集』に採られ、百人一首でお馴染みです。歌の意味はおよそ「桜の花も、咲いた甲斐もなく、色あせてしまったなあ。長雨が降って、賞美する間もないうちに」ということですが、ここで歌っている「花の色」は、小野小町自身の容色を指しているといわれています。そして、「ふる」は「降る」と「世に経る」に、「ながめ」は「物思い」と「長雨」にかけた「かけ言葉」です。「どう世に処していけばいいか、物思いに耽っている間に、わたしの変え難い若さや美貌も、無駄に過ぎてしまいましたわ」という気持ちです。

また、格言に「花より団子」というのがありますが、これは、花見で楽しむより、団子で腹を満たした方がいい、すなわち「風流より実利」というわけです。本でも書いて「一花咲かせようか」などと成功を夢見ても、地道な努力なしに実を結ぶことはないようです。

英……「艸」（くさ）と「央」（まんなか）

「英」は「くさかんむり」と中央の「央」の合わせ字です。草が成長して、やがて花びらの真ん中が立派になるということで、「花蕊」（はなしべ）をいいますが、「花・花房・立派・すぐれる・美しい」などの意味があります。

「英士」はすぐれた人物、「英才」はすぐれた才能、「英知」はすぐれた知恵という意味です。今では花に関する意味よりも、これらの使い方のように「ひいでる・優れた才能のある人」の意味で使うことが多いようです。イギリスを「英国」と書くのは「英吉利」の略です。

華……「艸」（くさ）と「垂」（スイ）と「于」（ウ）

「于」（ウ）はのどに息がつかえて曲がること、「垂」（スイ）は葉や花が垂れること、華やかに咲いた「はな」の咲きそろったさまをいいます。

【はな】の違い

◆花……花一般（桜の花・菊花）
◆華……実のなる花（栄華・華容）
◆英……実のならない花・花蕊（はなぶさ・落英）

(4) 枝についた木の実の【未】（ミ）と【果】（カ・はたす・はて）と【由】（ユ・ユイ・ユウ・よし）

未……木の上に実のなった形

木の枝に実がなりました。しかし、実がつくには、つきましたが、果たして、この実は熟しているのでしょうか。まだこんなに小さくては、食べられるほどには実っていないようです。残念ですが、「熟していない」「未熟だ」ということで、「まだ若い、まだ〇〇でない」という意味を表します。

この「未」に「口」をつけたものが【味】です。もう食べられるか、どうか、食べてみる、味わうという気持ちです。「未」に「女へん」をつけたものが、【妹】で、「まだ若い女」、これが姉妹の「妹」という字です。

話が飛びましたが、食べられるように「熟した形」を表す字は、次の項に取り上げた「果」です。

……熟した木の実の形

我慢して待っていた甲斐がありました。初めは「未熟」だった木の実も、ようやく熟して、食べられるほどに大きくなりました。これが、果実の「果」で、「くだもの」の意味です。

また、木の実が出来ると、「つぼみ」→「花」→「実」という経過をたどって、成長の筋道が終わります。そこで、「決まりがつく・果て・終わり」などの意味をも表すようになりました。まさしく、「原因」に対する「結果」です。

のちに「果物」（くだもの）や「お菓子」などに専用して使う字として、「くさかんむり」をつけた「菓」が出来ました。中国では、「菓子」といったら「くだものの総称」（水菓）ですが、わが国では「お菓子・間食品」の意味で使っています。

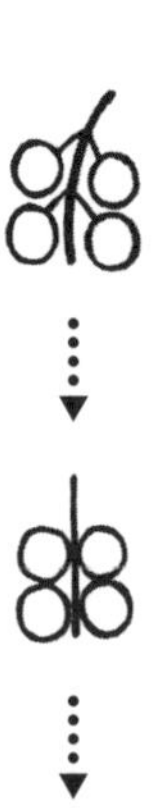

由

……木の実が枝に垂れている形

実った木の実を、枝の部分だけズームアップしてみましょう。この枝には実が四個もついていました。それが「由」という字です。木の実がふくらんで枝にたれている形であり、「膨らんで大きくなった枝につく実」ということから、「よる・拠り従う・いわれ」などの意味になり、植物が「芽」↓「花」↓「実」という筋道をたどることから、「できあがるわけ、出所・由来」の意味になりました。

この字は宇宙の「宙」に使われていますが、もとは「屋根の棟梁の間のふくらみ」のことです。日本では「そら」をいうようになりました。「宙返り」のように使います。また「宇」が空間の広がりをいうのに対して「宙」は時間の続きを表します。「由」を使った熟語には、「由緒」とか「由縁《ゆかり》」などがあります。【宇】と【宙】（一一三ページ）参照。

（5）「ある」ことの意味を重ねた【存】（ソン・ゾン）**と【在】**（ザイ・ある）

存

……「才」（土の中に根が十分張っている形）と
「子」（シ・こ、赤ん坊の形）

土の中に張った根は、やがては子供が育つように芽を出すもとになる。それで「ある・いる・残っている」などの意味を表します。

〈存じる〉は、「考える・思っている・承知している」の意として使われています。

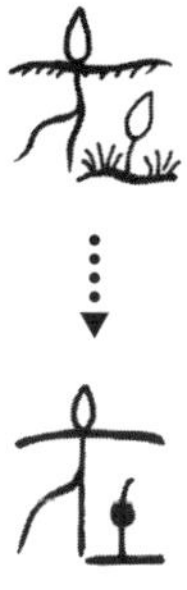

在……「才」(根が出たあと、土の上に芽が出かかっている形)と「土」(ド・ト・つち、地面から芽が出た形で土のこと)

「存」「在」は共に外側の部品は同じです。「在」は、草木の芽は根と違って、すべて地上にあるということから、「ある・いる」の意味を表しました。

「存」「在」をあわせて「存在」という熟語が出来ていますが、「存在」は現にそこにあること、いることで二字を重ねてその意味を強調しています。

例「汚職の事実が判明したら、もう、大臣としての存在価値はない」のように使います。

(6)物をはかるますから出来た【料】(リョウ)と【科】(カ)

料……「米」(稲穂の垂れている形で米などの穀物)と「斗」(ます)

液体や、粉や、粒などの「一定量をはかる器具」を、「升《ます》」とか「柄杓《ひしゃく》」といいます。形は、「箱型」になったもの、「円筒型」になっているものなどいろいろです。「料」の右側(旁《つくり》の部分)にある「斗」は、物の料をはかる柄のついた道具(「柄杓」)の形です。それに、はかる対象を表した穀物(「米」)をつけたのが「料」で、穀物の量をはかる「ます」のことから「はかる・たね・もとで」の意味を表しました。「入場料」「賃貸料」などのように、「代金・

代価」の意味に使われるようになりました。

柄杓の形「斗」と組み合わせて出来た字はいろいろありますが、よく使われる字には、「料」のほかに「斜」「斡」などがあります。

「斜」は「木のまげもので汲み出す」ことですが、今は主に借用義の「ななめ・はすかい」の意味に使われています。また、「斡旋」という言葉の「斡」は「柄の曲がった柄杓」のことですが、北斗七星の柄の部分が一夜に一回りするところから、「めぐる・まわる」の意味になったともいわれます。

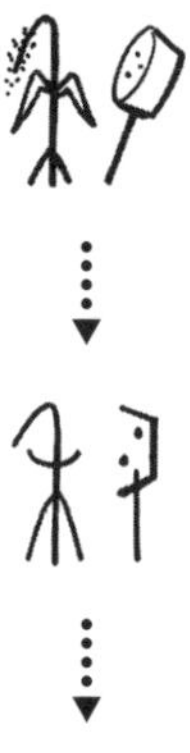

科

……「禾」（いね）と「斗」（ます）

桝《ます》で穀物をはかり、検査して、種類分けをするのが「科」です。「区分け」の意味を表しました。「段階」「過程」「分野」などを示す「区分け」です。「国語科」「社会科」「理科」などといいます。

ほかに「おきて・しぐさ・罪とが」などの意味もあります。「罪とが」は「罪科」と書きます。

昔の中国の官吏の登用試験を「科挙」といいました。一般庶民でも、わが国の公務員と同じで合格さえすれば官吏に登用され、一生の生活が安定するので喜ばれましたが、試験は難しく過当な競争を生むなど弊害も出てきましたので、随の時代から清の末期まで続いたこの制度も、一九〇五年に廃止されました。

（7）天からの授かり物【麦】（バク・むぎ）と【来】（ライ・くる）

麦……「主」（「来」の略でいね）と「夂」（こちらに向かってくる足）

来……「来」（麦の穂が垂れている形）

成り立ちの絵と、「麦」の本字「麥」の字形を見比べてください。麦は、「麦の穂が垂れている形」と「こちらに向かってやってくる足」から出来ています。大昔、米や麦などは天からの授かりもので、「天から来るもの」と思われていました。それで、「イネ」の形と「こちらに向かってくる足」の形を組み合わせて作られた字です。「麦」と「来」とは同系の字です。「来」の本字は「來」で「麥」の「夂」の部分がない形です（次項「来」参照）。

昔は、麦は「天からの授かりもの」だと思い、「天から来るもの」という気持ちで「むぎ」の穂が垂れている形を書き、「くる」という意味にしました。字の出来方から、「来る」が「麦」で、「麦」が「来る」とした方が良さそうです。

わたしたちは「なっとう」を「納豆」と書き、「とうふ」を「豆腐」と書いていますが、豆を腐らせて作ったものを「豆腐」と書いて、「なっとう」と読み、豆を納めた食品の方を「納豆」と書いて「とうふ」と読ませる方が理屈に合うように思いますが、どうでしょう。その関係と「来」「麦」の関係は、似ていると思いませんか。

（8）指先で摘み取る【菜】（サイ・な）と【採】（サイ・とる）

 ····▶  ····▶ 菜 ······「艸」（くさ）と「采」（サイ・とる）

「采」の上部の「爫」の部分は人の指先です。下部の「木」は新芽の出たお茶の木のようなこんもりとした木を想像してください。その木の新芽を指先でつまんでいる形が「采」で「摘み取る」ことを表します。

「くさかんむり」は植物の意符ですから、「手で摘み取ることが出来るような柔らかい植物」ということで「蔬菜《そさい》」のことです。葉や茎や根を食用にする野菜の総称です。

 ····▶  ····▶ 採 ······「扌」（てへん）と「采」（サイ・とる）

本来は「植物を摘み取る」ことですが、一般に「とる」意味として使われます。大きいものを切り取るのがたきぎをとる「薪」で、小さいものを切り取るのが「採」。こんなふうに区別していたこともありましたが、現在ではそうした区別はありません。

【とる】のいろいろ

◆取……捨てるの反対、我が物にすること（取得）

◆把……握り持つこと（把握）

◆採……草葉などを手に取ること（採取）

◆執……物をかたくとること（固執）
◆操……正しくまもりとること（節操・貞操）

住居・建物編（建物や家の形から出来た字）

(1) 同じ住まいでも【宅】（タク）と【家】（カ・ケ・ヤ・いえ）

宅……「宀」（屋根）と「乇」（じっと落ち着く）

家の中で、じっと落ち着いて住むところ、それは「自分の家・自宅・いえ」だというのが、この「宅」です。「どうぞ、宅にもお寄りください」のように使います。それに対して「お宅」と「お」をつけて相手や相手の家をいうこともあります。

小説『火宅の人』（壇一雄著）の「火宅」は、煩悩の多い人の世を火事の中の家にたとえた言葉で、「悩みの多いこの世」くらいの意味です。

家……「宀」（屋根）と「豕」（おすぶた）

「家」は雄豚で、家畜として大切な豚に屋根をかぶせた様子を表しています。わが国でも大正

時代から昭和の初めころまでは、牛や馬などを住居と同じ屋根の下で飼っていたくらいです。そのように、人間の住まいとしてだけでなく、大事な家畜も家族同然に家の中に入れる家屋の作り方は昔からしていたようです。

ですから、「家」には「人の住む建物」のほかに、「家庭・家族」とか、いっしょに住む親子・兄弟など、「血のつながりのあるもの」とか「いえがら」などの意味もあります。

【いえ】のいろいろ

◆家……一つの門の中（家臣）
◆宅……身を託するところ（帰宅）
◆舎……はたごや、旅館（宿舎）
◆房……小さい部屋（厨房）
◆室……家の奥の方のことで、人のいるところ（居室）
◆屋……人の住まうところ、やかた（家屋）
◆宮……もと、家屋敷のこと、のち、天子のいるところ（宮殿）
◆堂……表座敷（本堂）
◆殿……堂の大きくて高いもの、天子の住むところ（殿堂）
◆庵……小さな草葺きの家（草庵）
◆廬……あばら屋、いおり（廬舎）
◆館……人を泊める屋敷、公館（旅館）

（2）時間と空間を表す【宇】（ウ）と【宙】（チュウ）

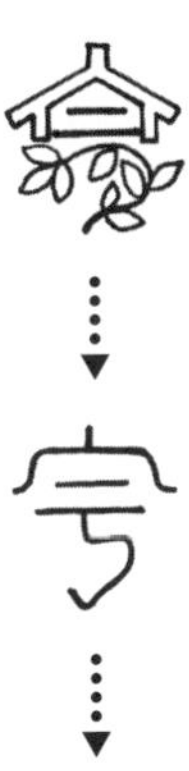

宇 ……「宀」（屋根）と「于」（ウ・伸び広がる）

「于」は植物の蔓《つる》が伸びて広がることで、「大きく曲がる形」から出来たものです。その「于」に「宀」（ウかんむり）をつけた「宇」は、「曲がって大きくひろがる屋根」ということで、「家の四方の隅」とか「ひさし・のきば」の意味があります。そこからさらに、「地上を覆う天」などの意味にもなりました。

「宇宙」は「すべての天体を包み込んだ果てしなく広い世界」をいいます。「天の覆うところを宇、地の拠るところを宙とする」といいますし、「宇は空間、宙は時間」だとする説もあります。天文学的には「すべての天体を含む全空間」だといいます。

宙 ……「宀」（屋根）と「由」（ユウ・木の実）

「由」は、木の実がふくらんで枝に垂れている形です。その「由」に「ウかんむり」をつけた「宙」は「ふくらんだ屋根・屋根の棟と梁との間のふくらみ」の意味です。そこからひいては「空間」の意味になりました。「宙を舞う」「宙に浮く」といいますし、「宙返り」ともいいます。「宙返り」は空中で身体を回転すること、「とんぼがえり」のことです。簡単にいうと、「宙」は「大空・天・地面から離れたところ」のことです。

（3）字形が似ていて間違いやすい　【宜】（ギ）と【宣】（セン）

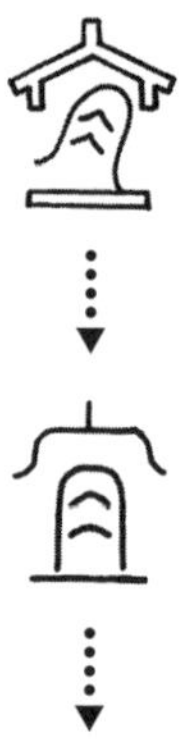

宜　……「宀」（屋根）と「多」の省略「夕」と「一」

「宜」は面白い字です。「ウかんむり」とまな板の上の肉とからなる字で、まな板の上に「夕」（肉）を料理して盛りつけ神に供えるという意味を持った字です。そこから「形がよい・よろしい・適当でふさわしい」などの意味になりました。

男の子をたくさん産む婦人を「宜男」（ギダン）といいました。昔は先祖の祭りが大切にされましたが、その祭りを行うのは男子の役目でしたから、男子を多く生む婦人を「よし」としたわけです。当時のご婦人方の間では、「宜男草」（わすれぐさ）を身につけていれば男子を産むと信じられていたそうです。この字と形の似ているものに「宣」がありますが、別な字です。

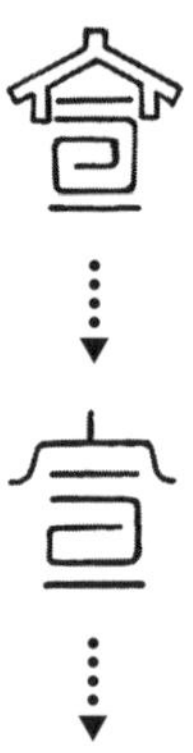

宣　……「宀」（屋根）と「亘」（まるくとりまく）

「亘」は、「まるくとりまいて区切ること」です。「宣」は、垣根をめぐらした宮殿の意味でしたが、のち、天子の仰せとか、のたまう意味から「広くゆきわたらせる・告げ知らせる」という意味で使われるようになりました。「宣旨」は「天子のおおせ・みことのり」とか、また「それを伝えること」ですし、「宣教師」は「宗教（キリスト教）を広める人」、「宣告」は「言い渡す」ことです。

（4）人に差が出る【貧】（ヒン・まずしい）と【富】（フ・フウ・とむ・とみ）

貧……「分」（ブン・わける）と「貝」（バイ）

働けなくなると、おのずから貧しくなります。「貧」は書いて字の如しで「分」と「お金」です。お金や財産がちりぢりに分散すれば手元が少なくなります。分け与えるのも考えものです。「貧賤の交わりは忘るべからず」といいます。自分が裕福なときは人が寄ってくるけれど、貧しくなると離れていくものだ。「自分が貧乏だったときに、友だちとしてつき合ってくれた人は、いつまでも忘れてはいけない」という教訓です。まったくその通りです。

仏教から出た諺、それは「貧者の一灯」。簡単にいうと、「一人の貧しい女が一灯を献じて仏に供養したいと思ったが、油を買うお金がないので、髪を切ってそれを売り、そのお金によって明かりを献じた。たまたま、一陣の強風が吹き、万灯はすべて消えてしまったが、彼女の献灯だけは消えなかった。それどころか、ますます光を増して仏の足下を照らした」という話です。「至誠を持ってする行為の貴いこと」をいっているわけです。

また「貧は世界の福の神」という言葉もありますが、「貧の盗みに恋の歌」（人は貧乏になれば盗みもするし、恋に悩めば歌も詠む、必要に迫られれば何でもする）というたとえもあります。

富……「宀」（メン・ベン・ウかんむり・屋根）と「畐」（フ・フク、倉の中に物がいっぱい）

「宀」は家の屋根の形を表し意符です。「畐」は音と同時に、倉に穀物がいっぱい詰まっていて膨らみ、入り口までふさがっている、そこで「詰まっている」という意味と同時に「フ・フク」の音を表しています。「ふっくらとしている・財産が多い・ふえる」という意味です。

「富」は家の中に物がいっぱいに膨らんで、満ち備わっていることですから、「財産が多くなる」ことを表します。「富は屋を潤す」といって、財産が多くなると家屋も自然に潤いをおびて美しくなるそうです。

「人も修養が出来ると、自然に品位ができてくる」ことのたとえとして使われます。「富は屋を潤し、徳は身を潤す」ともいいます。

【畐】のつく字

◆福……倉に穀物がいっぱい詰まって膨らんでいるように、神の恵みが豊なこと（幸福）。

◆副……刀で倉に詰まっている膨らんだ穀物を二つにわけることから、「切り分ける」意味。のち、その分けたものが対になっているところから、「主なものに伴って出来るもの・添う・主なものに付き添って助けるもの・本物の控え・写し」の意味になっていきました（副葬品）。

◆幅……物がいっぱいに膨らんで満ち備わっているように、ズボンの上からさらに膨らんで膝や臑に当てるあて布、その布の横幅寸法がちょうど織物の幅だったところから、この字で布の一幅（二尺二寸＝周代の一尺は二二・五センチ）を表しました。そしてさらに、「物の横の長さ・差し渡し」を表し、「へり・ふち・うわべ」などの意味にも広がって使われるようになりました（辺幅・全幅・幅員）。

（5）両開きと片開きの【門】（モン・かど）と【戸】（コ・と）

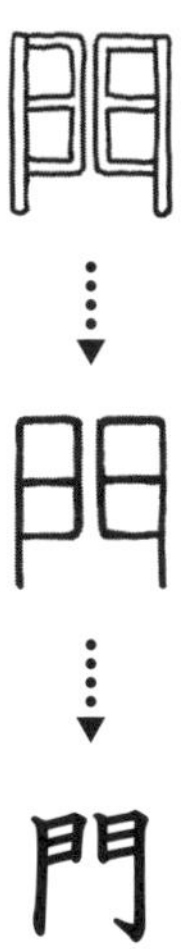

……両開きの出入り口の形

「門」は家の外囲いに設けた出入り口で、すべてのものが通らなければならない場所であり、そしてさらには、その屋敷への出入りを監視する関所のようなものです。ですから「関門」とか「登竜門」などという熟語もあります。

また、「ものの出入り口」や「取りかかり」をも「門」といいました。「入試の狭き門を突破する」といいますし、「門を叩く」というと、「弟子入り・入門」することです。

家屋の門としては、原始時代にすでに、神社の鳥居のような簡単な門は作られていたようですが、くわしいことはわかっていません。本格的な門が作られたのは、飛鳥時代になって、中国の門の形式が輸入されてからのようです。

門には、単層のものと、重層のものがあります。「二重門」「楼門」「八脚門」「四脚門」「高麗門」「長屋門」などと種類も多く、江戸時代には、住む人や通る人の身分によって、かなり厳しい制限がありました。一般庶民では、名主や本陣などのほかは、門を立てることは許されていませんでした。

……両開きの門の左半分の形

「戸」は、門の扉の片方を描いたものです。部首の呼び名としては「戸かんむり」とか「戸づくり」といいます。両開きのものを「門」といい、片開きのものを「戸」といいます。家や、部屋の出入り口の扉、または、「雨戸」のように、開閉して外部と内部とを仕切ったり、出入口を閉ざしたりするための建具です。

「戸を外して閉ざさず」といいますが、「世の中がよく治まって、不正などのないこと」のたとえです。やはり、日本でも政治や行政など、オープンにすることが不正の防止に役立ちそうです。

(6) 音の出入りする関所 【問】（モン・とう）と【聞】（ブン・モン・きく）

……「門」（モン・かど）と「口」（コウ・くち）

「門」は両開きの扉で、人の出入りを監視する関所のような役目を持っています。ほら、何か聞こえますね。おやおや、だれかが訪ねて来たようです。閉じている門のすき間に口をつけて、案内を乞うているようです。ほら、「たのもう」と大きな声が聞こえています。

人が何かについて「問いただす」ことや、「質問する」ことを「問う」といいます。言葉を発するときの、大切な音の出口である「門」に「口」をつけて、「問」が出来ました。口は声や音を発する大事な関所だというわけです。

「問う」というときは「訊」と同じで、「問い尋ねること」を表します。「問」は一般的には「問答」のように使いますし、「訊」は「訊問」という言葉があるくらいで、「言葉で問いつめる」

ことです。また、こちらから出かけていってたずねるのは「訪問」です。

聞 ……「門」（両開きの門）と「耳」（みみ）

「問」「聞」は、ともに「門」と同じ音で、「モン」と発音します。「外でだれかが叫んでいるぞ」と、閉じた門の中では門番が耳をそばだてています。人の発した言葉を聞き取る大事な音の入り口が「耳」です。「耳」は「人の声や音を聞き取る関所」だというわけです。

門は門だけれど、「問」の方は、言葉を発する門、「聞」は、言葉や音を聞き取る門です。「聞」は先方の言うのがこちらへ聞こえることで、「聴」は自分から聞こうと思って聞くことです。意識して「聞く」と「聴く」を書き分けることは出来ますが、「きこえる」というときは「聞こえる」であって、「聴こえる」とは書きません。

（7）かんぬきが決め手の【閉】（ヘイ・とじる）と【開】（カイ・ひらく）

閉 ……「門」（両開きの門）と「才」（しんばりぼう）

門を閉めるのに、かんぬきだけでは不用心だという場合や警護の固い館などでは、かんぬきのほかに「つっかい棒」（しんばり棒）も使いました。「才」は、戸を閉めるときに使うつっかい棒を立てた形で、かんぬきを差し込んで、さらにつっかい棒をして、押しても開かないようにした形です。門を閉ざして錠をおろすわけですから、「とじる・ふさぐ」などの意味があります。

閉じこもるといえば、家の中に閉じこもって読書に明け暮れる人を「閉戸先生」（ヘイコセンセイ）といいます。楚の孫敬（ソンケイ）が、いつもそうしていたという故事によるものです。

 →  → 開 ……「門」（両開きの門）と「幵」（両手でかんぬきを持つ）

閉めた門は、開けなければなりません。「幵」（ケイ）は、両手でかんぬきを持った形です。ですから、「開」は、閉じている門のかんぬきを両手で持ち上げて開ける形を表しています。「閉じているものを開ける・開く・あく」などの意味です。
「はじめる・はじまる」という意味のときは「開店」「開始」「開幕」のように、「開」という字が必ず熟語の上につきます。宴会などを終わりにすることを「おひらき」といいますが、これは「とじる」という言葉を嫌っていう忌み言葉の一種です。

(8) 外からの侵入を防ぐ　【閂】（セン・かんぬき）と【閑】（カン）

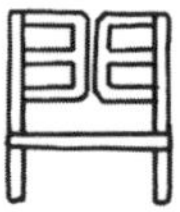 →  → 閂 ……「門」（両開きの門）と「一」（かんぬき）

門には、しっかりと「かんぬき」が掛けてあります。「閂」という字の中にある「一」が、「かんぬき」そのものの形で、左右の扉につけた金具に通して、扉が開かないようにした横木です。

「かんのき」ともいわれます。はじめは、観音開きの門扉に用いましたが、次第に、建物の入り口に使用するようになりました。

相撲の差し手に「かんぬき」というのがありますが、これは、もろ差しになった相手の両腕を締め付けて、働かないようにする技です。裁縫のほころびやすいところを止めるときの縫い方に、「閂止め」というのもあります。すべて「閂」の意味からきた言葉でしょう。

……「門」(両開きの門)と「木」(さく)

かんぬきは、人の住まいにだけ使うものではありません。

家畜を飼うための囲いの柵にも使用しました。「閑」の中に入っている「木」は、家畜を飼う「牧場の柵」を表します。家畜が逃げないように、入り口に渡した棒のことを「閑」といいました。「防ぐ」意味です。

中の家畜だけでなく、外からの侵入も防ぐので、安心だというところから、「のどか・しずか」などの意味にもなりました。また「カン」という音が「間」(カン)と同じだったので、「仕事の合間・ひま」の意味にもなりました。

大空に静かに浮かぶ雲と、広い野原に遊ぶ鶴の姿から「閑《かん》雲《うん》野《や》鶴《かく》」という言葉が出来ました。悠々と自分の意の赴くままに楽しんで、何の拘束も受けない境遇を、こういいます。うらやましい限りです。

(9) 鳥の羽ばたきから【扇】（セン・おうぎ）と【扉】（ヒ・とびら）

扇 ……「戸」（片開きの戸）と「羽」（はね）

戸や鳥の羽のように、薄くて平らなものが、ばたばたと開いたり閉じたりする様子を「扇」と書きます。そして「とびら・あおぐ・うちわ」の意味を表しました。「おうぎ」は、あおいで涼しさを求める道具ですが、これは「あおぐ」という動詞から出た言葉です。また、「ひへん」に「扇」と書くと、「煽る」（アオる・火が盛んになる）ですが、この字は「群衆を煽動する」などのように、「人をけしかける」とか「おだてる」意味にも使います。

扉 ……「戸」（片開きの戸）と「非」（はばたき）

「非」は、鳥が羽を開いている形を上からみたものです。鳥の羽ばたきのように、パタパタと左右に開いたり、閉じたりする「開き戸・門扉」、これが「扉」です。このことから、「宇宙への扉が開かれた」など、「ある物事への入り口」という意味のたとえとしても、使うようになりました。

(10) 物を収納する【倉】（ソウ・くら）と【蔵】（ゾウ・くら）

倉 ……「倉」（穀物などをしまっておくくらの形）

「倉」は、穀物をしまっておく、高床式の倉庫の象形です。奈良時代に作られた正倉院宝庫は、校倉《あぜくら》造りとして有名です。「校倉」というのは、柱を建てないで三角柱の形にした木を横に組んでいって壁を作った建物です。「校倉」「学校」「将校」などという熟語には「校」という字が使われています。この「校」には、「木をX形に組み合わせる」という意味があります。校倉造りは、現在、正倉院宝庫のほかに唐招提寺の経蔵などが残っていますが、木材をたくさん必要とするので、のちにはあまり作られなくなりました。

「お倉（蔵）入り」といいますが、「品物が使われないで仕舞い込んで置かれる」ことです。そうした使い方から、さらには比喩的に、発表する目的で書いた原稿や芝居などが、「ある事情で日の目を見ないでしまって置かれること」も「お倉入り」といいます。

【くら】のいろいろ

◆倉……刈り取った五穀を入れておくところ（米倉）
◆庫……兵器、車などを入れておくところ（車庫）
◆蔵……物をしまい込む意味でびっしりとつまっているくら（土蔵）
◆府……庫よりもりっぱなもの（府庫）

蔵……「茂」（草がぼうぼうとしげる）と「臣」（目を見張る）

「倉」も「蔵」も訓読みはともに「くら」です。どう違うのでしょうか。

ある人が、大切な宝物を草むらの中に隠しました。そして、上から草を覆いかぶせて見えないようにしました。しかし、それだけでは不安だったのでしょう。さらにに大きな目をむいて見張っている様子を描いています。これが「蔵」という字です。「しまっておくところ・くら」の意味です。本来は「ものをしまい込む」という意味です。

取りやめになることを「お蔵になる・お蔵入り」などといいます。

(11) 動詞と名詞の使い分け【坐】（サ・ザ）と【座】（ザ・すわる）

坐……「人」（向かい合った人）と「土」（つち）

人が向かい合って地面にすわっている形から、「すわる・いながらに」の意味を表します。この字をじっと見つめていると、まさしく象形文字のすばらしさが実感できます。昔の人の知恵のすばらしさには、本当に驚かされますし、漢字がそれ一字で「文字」であると同時に「語」（ワード）であることを痛切に感じます。

「坐作進退」は（ザサシンタイ）と読み、「立ち居振る舞い・行儀」のことです。「座臥行歩」（ザガコウホ）と同じです。

「坐」に「てへん」をつけた「挫」は、「へし折る」とか「くじく」ことです。「挫折」（くじける・失敗する）「挫傷」（くじけ傷つく・くじけ敗れる）などは、よく使う言葉です。

座……「广」（まだれ・いえ）と「坐」（ザ・サ、向かい合った人と「土」）

「座」は、「坐」に「广」（いえ）をつけて「座るところ」、「場所」を表し、「すわっているところ、せき」の意味です。「座が白ける」とか「座を外す」とか、「座を取り持つ」など、「座」という言葉もいろいろに使われます。「坐」は動詞、「座」は名詞として使い分けていましたが、今は「座」に統一されています。

自然編（山や川、自然の姿から出来た字）

(1) 同じアンでも【明】（ミョウ・メイ・あかるい）と【暗】（アン・くらい）と【闇】（アン・オン・やみ）

明

……「日」（窓の形）と「月」（ゲツ・つき）

日が沈み、月が高く昇ると月光が家の中に差し込みました。昔の人々にとって、この窓から差し込む月の光、これほどありがたいものはありませんでした。

「明」が「はっきりしている」という意味で使われる言葉は、「解明・簡明・究明・言明・公明」のように「明」が熟語の下につくことが多いようです。

暗

……「日」（ニチ・ジツ・ひ）と「音」（かすかな音）

「音」は唇の間からかすかに漏れる音です。「日」と「音」を合わせて、日の光がものの隙間からわずかしか出ていないことを表します。「晴」の反対が、この「暗」で「くらい・明らかでない・ひそかに」などの意味を表します。

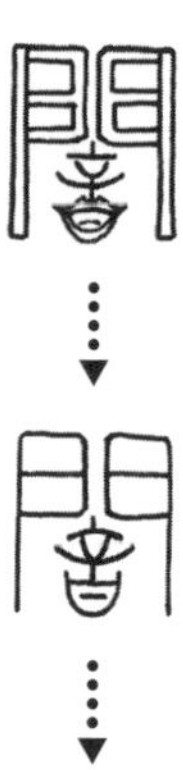

闇 ……「門」（モン・かど）と「音」（かすかな音）

「音」は唇を閉じて音だけをかすかに出すことでしたが、「闇」は門（入り口）を閉じて中をふさぎ暗くすることです。わが国では「月の出ていない夜」＝「やみ」の意味でも使うようになりました。正規の手続きによらない取引を「闇取引」などといいます。

(2) 草木が教える【春】（シュン・はる）と【秋】（シュウ・あき）

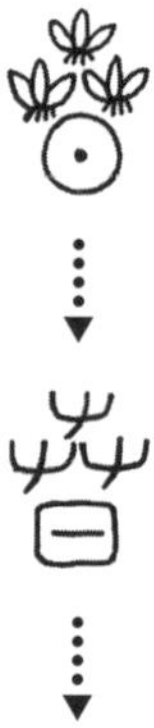

春 ……「芔」（草の芽がたくさん出た形）と「日」（太陽）

雪が解け、暖かい太陽に誘われて、草木が萌え出ようとして、むずむずしている季節。春は一年で最も陽気がよく、植物の発育期にあたります。それで「芽の出始めた形」と「日」とで「春」を表しました。

【春】の使い方

◆わが世の春……勢いの盛んな時期のこと。

◆春に目覚めるころ……思春期・青春期のこと。

……▼

……▼
秋……「禾」（カ・のぎ）と「火」（カ・ひ）

「禾」（いね）が実ったあと、刈り取った穂の先を「火」で焼きとり、米粒を取り出します。そうした収穫をするころが「禾」と「火」を合わせた「秋」です。「実るころ・大事な時期」の意味になりました。

ついでに**「季」**は「禾」と「子」（実って出来たたね）の合わせ字です。実った稲を取り入れる時期のことを表し、さらに取り入れは米作りの最後の行程なので、「終わり」の意味にもなりました。兄弟のうちの末っ子を「季子《きし》」、一年の最後の月を「季月《きげつ》」といいます。

(3) 季節の特徴 【夏】（カ・なつ）と【冬】（トウ・ふゆ）

……▼

……▼
夏……「頁」（おおがいの省略形・かぶっていたお面をとった形）と「夂」（スイ、こっちに向かってくる足）

「おおがい」は人間の頭部を表す意符として用いられます。「夂」は「すいにょう」といって、こちらに向かってくる足をイメージしたものです。「頁」＋「夂」で人体の全体を表し、「頁」の略体でお面を表しています。お面をつけて踊る季節、それは夏祭りの季節です。その季節がやってきました。力いっぱい踊ると暑くてたまらない、そこで、お面をとってはみたがそれでも暑い、というわけです。「暑い季節・夏」の意味を表しました。
「夏虫、氷を疑う」といって、夏だけしか生きていない虫は、氷の張る季節を知らない。世間を知らない人間はむやみにものを疑うことのたとえとして使われます。

 ····▶  ····▶ 冬 ······「夂」(泉のふさがった出口)と「⺀」(水の凍り始めの筋目)

「冬」は「泉の出口が凍ってふさがった形」と「水が凍り始めるときに出来る氷の筋目」を合わせたもので、水が凍るほど寒い季節、それは「冬」だという気持ちです。

冬の季語に「春隣り」などというしゃれた言葉がありますが、四字熟語でよく使われるものに「冬扇《とうせん》夏炉《かろ》」がありますが、冬の扇と夏の火鉢ですから、どちらも「季節に合わない無用なもの」というわけです。

もう一つ「冬温夏清」といって、冬には暖かくしてやり、夏は涼しくするというわけですから、これは「親に孝行を尽くすこと」です。

(4) 彼岸まではいうけれど【寒】(カン・さむい)と【暑】(ショ・あつい)

 ····▶ 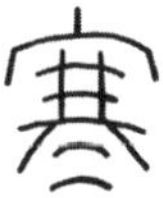 ····▶ 寒 ······「宀」(屋根)と「⿱𡗗⺀」(草と氷)

冬になると、地面が凍り冷たくなるので、下にたくさんの枯れ草を敷いて冷えるのを防ぎます。

その様子を描いたのが「寒」という字です。「寒い・冷たい・とぼしい・貧しい」などの意味があります。「寒」と似ている字で「塞」という字がありますが、「塞」は「寒」の下についている「ニスイ」（冫）が、「土」に変わっています。「土で防ぐ」というところから、「砦」の意味になったものでしょう。

【さむい】のいろいろ

◆寒……夏の反対、冬のきつく寒いさま（寒気）
◆冷……暖の反対、晩秋や初冬の冷ややかさ（冷風）
◆涼……夏の夕暮れなどのすずしさ、冷より軽い（涼秋）
◆冱……こおりついて寒い（ゴと読みます）（冱寒）

暑……「日」（お日さまの形）と「者」（かまどで穀物を煮る形）

お日さまの暑さと、かまどで燃える火の熱さを重ねて、ちっとやそっとでなく、はっきりと区別されるほどの暑さを「暑」といいます。そして、春や秋のような中間の気候と違って、冬の寒さに対して、あの暑い夏の「暑さ」を表しました。

【あつい】のいろいろ

◆暑い……苦痛に感じられるほど気温が高いこと、反対は寒い
◆熱い……温度が高くてさわれないようなこと、反対は冷たい
◆厚い……ものの表と裏との間に幅があること、反対は薄い

（5）本流と支流を表す【永】（エイ・ながい）と【派】（ハ）

永……支流から本流に流れ込む形

「永」は、支流から水が集まってきて、水脈が本流となり、大陸をどこまでも、どこまでも流れていく様子を描いたものです。「永遠」「永劫」などという言葉のように「ながい」意味を持っています。

この【永】を持つ字に「泳」（エイ・およぐ）があります。「さんずい」と「永」で、「さんずい」は「水」を表す字の意符です。「水に永くいる」ことが「泳」ですから、これは「水遊び」であり、「水泳」を表しています。「没して水中をいく」ことだという説もあるようですが、「水中を潜る」ことだと解することはないと思います。

また「詠」（エイ・よむ）は「言」と「永」です。「ごんべん」は「言」であり「言葉」であり、言語に関する字の意符として用いられます。声を長く伸ばして、うたいあげることを「詠」といいます。「詠吟」「朗詠」などという言葉がこの意味を表しています。

派……「氵」（さんずい）と「本流から支流に流れ込む形」

「𠂢」は、本流の川の流れが、支流に細く分かれて通じる様子を描いたものです。「永」の反対形です。それに「水」を表す「さんずい」をつけて、水の流れを強調しました。本流から分かれ出た形ですから、「派生」「派閥」のように、「水」以外の言葉としても使われています。

「派」の旁部分を持っている字に「脈」（ミャク）があります。「月」と「本流から支流に流れ込む形」です。「月」は「にくづき」といってボディを表す字の意符です。旁《つくり》の部分は、川が支流に流れていく形ですから、細く分かれて通じるさまを表します。心臓から出た血液は、体内の様々な血管に注ぎ込み、身体の隅々まで行き渡ります。このように「細く通じて流れる血管」を「脈」といいます。

（6）人生の浮沈とは関係ない【浮】（フ・うく）と【沈】（チン・しずむ）

浮

「氵」（さんずい）と「爫」（つめ・指の先）と「子」（シ・こ）

「爫」＋「子」は「乳」の左側と同じで、赤ん坊を優しく包み込むようにして手で覆うこと。そして「氵」は水を表す意符ですから、「浮」は水を優しく抱きかかえるようにすることであり、これはまさしく水に浮く様子です。

沈

「氵」（さんずい）と「冘」（イン・ユウ）

「冘」は牛を黄河に沈めて行う祭礼のさまだといいます（甲骨文字の形）。「しずむ・しずめる」意味があり、「氵」をつけて水の意味を強調しています。同じ「冘」を持つ字に「枕」がありますが、「枕」は、頭を押し下げる木ということで、「木の枕」のことです。

(7) 反対に高いことを表す【高】（コウ・たかい）と【厚】（コウ・あつい）

……小高い丘に建てた建物の形

小高い丘の上に建てた物見櫓《やぐら》です。物見櫓は、敵が攻めてきたのがわかるように建てた高い建物。それで「たかい」の意味を表します。「高」の音は「黄」（コウ＝きいろい・かわいた）に通じます。

【高】をもとに出来た字

◆「稿」（コウ）……「禾」（いね）と「高」（コウ・たかい）

「のぎへん」は稲の穂の垂れた形で、穀物に関する字の意符として使われます。「高」は黄色い・かわいたですから、「稿」は「黄色く乾いた稲」、つまり「わら」のことです。また、わらを材料にした粗雑な紙に下書きしたところから「下書き」の意味になりました。「稾」という字形のものもありますが、同じです。同じ「わら」でも「キビがら」の方は「藁」と書きます。

◆「蒿」（コウ）……「くさかんむり」と「高」

「くさかんむり」は植物に関する字の意符です。「蒿」は「高く伸びる乾いて白くなっている草」というわけで、「高く伸びる雑草」のことです。また「よもぎ」の別名ともいいます。

厚 ……「厂」と「高」の逆形で分厚い

「厚」が「高」の反対概念だとだれがわかるでしょうか。しかし、確かに反対なのです。「厚」は「崖」の形と「高」（物見櫓）を逆さにした形との組み合わせとから出来ています。土が分厚く重なった崖を表します。「高」が崖の上に高く突き出ているのに対して、土中に分厚く積もったものを「厚」というわけです。積み重なることです。

（8）砕けたか、固まりか【砂】（サ・しゃ・すな）と【岩】（ガン・いわ）

砂 ……「石」（セキ・いし）と「少」（ショウ・すくない・こまかい）

崖下に硬い塊が転がっている形が「石」。その石が「少」（細かく）なったものが「すな」というわけです。会意・形声字としてわかりやすいつくりです。

岩 ……「山」（サン・やま）と「石」（セキ・いし）

山に石がゴツゴツ集まり重なっている形から「いわ・いわお」の意味を表しました。石はそこらに転がっていますが、岩は大きく、そう簡単には動きません。

【岩】を使った言葉

◆岩をも通す…………岩の持つ大きく硬いイメージからいう言葉

◆岩がものをいう……秘密が漏れやすいこと

(9) 光り輝くか、一歩引き下がるか【金】(キン)と【銀】(ギン)

金……山の土の中に黄金が混じっている形

山の土の中に光り輝いているもの、「鉱物・金・こがね」の意味でしたが、今は「お金」の意味にも使うようになりました。「金」の左右両側の点は、光り輝いていることを表しています。

「金の部」の字は、金属の種類や性質、金属で作ったものなどを表します。

江戸時代の「金貨」は「一両の小判」をさしました。金の純度は二四金を「純金」と決めています。

銀……「金」(きん)と「艮」(引っ込み落ちること)

「艮」は、昇ってきた太陽が西へ移動していったことを表し、「一歩引き下がる」意味があります。「銀」は金に比べて、一歩引き下がる金、すなわち、少し値打ちの落ちる金属のことで「ぎん、しろがね」の意味を表しました。白色の美しい光沢があり、電気や熱をよく伝えます。

貨幣、装飾品のほか、メッキや感光剤にも使います。

(10) 金と同じだと思ってはみたが【銅】（ドウ）と【鉄】（テツ）

……▼

……▼
銅
……「金」（きん）と「同」（おなじ）

江戸時代、当時は、金でも、銀でも、銅でも、「宝物」という点では違いがないと思われていました。金と同じように値打ちのある「赤い色つやのある金属」ということで、「どう・あかがね」の意味を表します。湿った空気中では、さびて、緑青が浮きます。

つりがねの形をした銅鐸（ドウタク＝古代青銅製遺物）が、最近、わが国の青森県、佐賀県など、各地で大量に出土しています。祭器または楽器として使われたのではないかといわれていますが、確かなことはわかりません。

……▼

……▼
鉄
……「金」（きん）と「失」（気をうしなう）

「あっ、あった。金だ！」と思って、気を失い我を忘れるほど夢中になって掘り出してみたら、何ということはない、金ではなく、ただの固い金属だったというところから、「てつ、くろがね、固くてするどい金属」の意味を表します。

しかし、鉄だって、金や銀、銅に負けてはいません。堅くて強固なもののたとえとして、「鉄の意志を持った男」のように表現することがあります。「鉄は熱いうちに打て」といいます。「手遅れにならないうちに処置しろ」ということですが、ことに最近のいじめ問題などには考えてみたい言葉です。

(11)「郊」から離れた【町】（チョウ・まち）と【野】（ヤ・の）

……「田」（たんぼ）と「丁」（たくさん、あふれる）

田を区切ると、その境にあぜ道が出来ます。たくさんある「田をわけた区切り」のことから、「田と田の間のあぜ道」や「町なかの道」のことになり、それがのちに、「市街地の道」の意味にさえなりました。

テレビドラマ「遠山の金さん」で有名な「町奉行」の「町」は、この市街地をさしたもので、町奉行といえば、江戸幕府の職名で、江戸・京都・大阪などに置かれた今でいう行政、司法、警察などを司った役所です。とくに町人を管轄して、その訴訟を聞き裁きました。江戸時代には、お抱えの藩医や御殿医でない、民間の医者を「町医」とか「町医者」といいました。この言葉は、今でも残って使われています。

……「里」（いなか、むらざと）と「予」（のびる）

人の住む村里から、ずっとのびていったところ、それは田も畑もない広々とした広野でした。それで、「里」と「予」で「広いのはら」の意味を表しました。「郊」（主として農民の住んでいたところ）から、さらに遠いところ、郊外が「野」です。そんなところに住んでいる人を「野人」といいました。

(12) ものを生み出す【田】（デン・た）と【畑】（はた・はたけ）

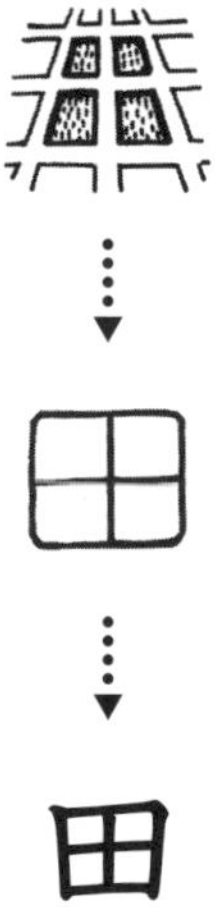

……広いたんぼを遠くからみた形

たんぼの遠景を字にしたもので、四角の中の十字は、四方に通じるあぜ道です。「田・たんぼ・いなか」などの意味を表します。また「田」には、「ものを生み出すところ」という意味も含まれていて、「油田・炭田・塩田」などは、この意味を持つ言葉の使い方です。

和歌などで、田んぼに降り立っている鶴を「たづ」といいますが、これは「田鶴」と書きます。ついでに「田鼠」はモグラ、「田螺」はタニシです。

……「火」（ひ）と「田」（たんぼ）

農作業は、たんぼばかりではありません。水のない畑でも行われます。昔、中国北方では、生えている草や木を焼いて、その灰を肥料として耕す「水のない田」（焼き畠）の方法をとっていました。これが「はたけ」です。

南方では、火耕水耨（カコウスイドウ）といって、草を焼き払った後、水を入れて耕す方法をとっていました。

春、畑を耕すことを「畑打ち」といいます。「はたけ」は「畑」（「はた」）とも「畠」（「はたけ」）とも書きますが、これはともに、和製漢字だということです（『日本人の作った漢字』エッコ・オバタ・ライマン著／南雲堂・一九九〇年）。

ところで、「畑違い」という言葉がありますが、これは、専門の分野が違うこと、母親が違うこともいうようです。「木によりて魚を求む」と同じことを「畑に蛤」といいます。確かに、畑で蛤を取ろうとしても得られません。

⑬ 外壁が大事な【穴】（ケツ・あな）と【内】（ダイ・ナイ・うち）

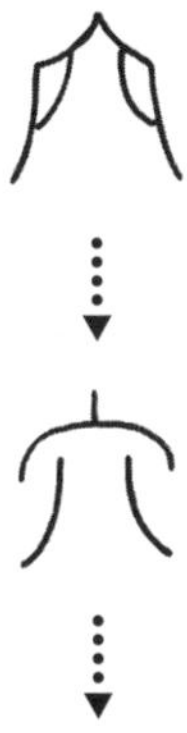

穴……（崖を掘ってあけたあなの入り口の形）

まだ建物など作らない時代のことですが、昔は山の崖を掘って家にしていたという記録もあります。その入り口に草やつるで外部との仕切りを作り、出入りするときは両側に開いて、縛っておきました。今のカーテンのようなものです。「穴」はこの形から出来ました。

【あな】のいろいろ

◆穴……底のあるあな（穴居）

◆孔……カラと同じでふしあな（孔穴・瞳孔）
◆坑……中の広くなったあな（炭坑）
◆窟……ほらあな（岩窟）

……「内」（穴の入り口にカーテンのたれている形）

「入」と形が似ていますが、こちらには、外壁が描かれています。外から建物の中に入ることで、「はいる・中・うち」の意味を表します。

このごろは自分の職場のことを「うち」という人が多いようです。「うちの部長が……」とか、「うちの学校は……」などです。これも「範囲内」とか、「内部・部内」の意味で使っているのでしょうから、こうした言い方も「うち（内）」のうちです。いい表現といえるのでしょうか。

⒁ 空間で異なる【空】（クウ・そら）と【窓】（ソウ・まど）

……穴の入り口とてんじょうの形

天井《てんじょう》が頭の上に覆いかぶさっているので、「そら」と同じだというわけで、「空中・空間・そら」の意味を表しました。また、中が空っぽだというところから、「から・何もない」という意味を表しました。そこから「根拠がない」とか、「むなしい」などの意味にも広がっていきました。

「空前絶後」は、「前にも後にも全くない」ということですから、「非常に珍しい」ことの意味に使います。「空（カラ）念仏」は、「心のこもらない念仏・口先だけで唱える念仏」ということですから、「実行の伴わない言葉」の意味です。

窓……「空」（あかりのついているほらあな）と「心」（心臓の形）

「窓」は、明かり取りのついた「ほら穴」の形ですから、これは少ししゃれた住居穴の作り方です。家を地上に造るようになってから、窓は、東西あるいは南北、それぞれ、向かい合うように作ったようです。そこから「向」という字が出来ました。

昔は「天窓」を表し、同時に「心のまど」すなわち明るい心をも表しましたが、今は「家の窓」の意味になっています。自然の姿を楽しみ、自然のままに従うのがよいという故事から、「窓前の草を除かず」という言葉があります。

(15) 音はどちらも「ケイ」【形】（ギョウ・ケイ・かた・かたち）**と【型】**（ケイ・かた）

形……「幵」（四角いわく）と「彡」（美しいかざり）

四角い枠はもとは「井」で、「鋳型」の形。「彡」は色彩や光沢などの美しさのことで、「形」のほかに「彩」「彫」「彰」「影」などという字にも使われています。そして、形態の美を「形」

といい、いろいろな「模様の美しいわくどりや形」の意味を表しています。

「形」は「目に見えるものの有り様」のことに使いますし、訓読みで「かた」のほかに「かたち」とも読んで、「ものの姿や形」のことを表しますから、「三日月形」「自由形」のように使います。

【かたち】のいろいろ

◆形……もののなり、かたち（形態）
◆状……すがた、もようのこと（状況）
◆姿……すがた、しな、風俗（姿容）
◆容……ようす、目つき、顔つき（容態）
◆象……形あるもの、かたどり（印象）
◆貌……全体のかっこう（風貌）

型……「刑」（四角い枠と刀）と「土」（地面から出た芽）

はもの（刀）を使って土で「カタ」を作り、その「カタ」に溶かした金属を流し込んで、鋳物の道具を作ったところから「かた、見本・手本」などの意味を表しました。「同じものをいくつも作るときの、もとになる形」とか、「ある特徴によって分けられた種類」のことです（例えば「型にはめる」「血液型」）。同じ形のものがたくさんあるときに、「新型の車」などのように使います。

【かた】の大まかな違い

◆型……タイプ（新型車両）、ひながた（型紙）、しきたり（型どおりに行う）
◆形……外見にあらわれた形やかっこう（形が崩れる）、抵当や担保（借金の形）

⑯「火」のもと注意【炎】（エン・ほのお）と【災】（サイ・わざわい）

……「火」と「火」（二つの火）

「火」を二つ重ねて、ほのおが盛んに燃え立つ様子を表しました。このように、同じ字を二つ重ねて意味を強める手法で作られた字には、「多」（昨日の夕べと今日の夕べで、日数の多いこと）や「林」（木が重なってたくさんはえている）などがあります。「炎」には、「燃える・燃やす・ほのお・勢いが盛んな様子」の意味があります。「ほのお」は、「ほ（火）のほ（穂）」から来た言葉だともいいます。　暑い夏の頃になると、「暑中見舞い」などで「炎夏」「炎暑」などの言葉が行き交います。

……「巛」（害する）と「火」（ひ）

人々にとって、天災は恐れるものの一つでした。神の仕業でもありました。「巛」は、川にじゃまなものが横たわったり、土砂でふさがったりしている形で、こうしたものがあると、川の流れを害し、水があふれます。水害のもとになります。また「火」（火事）も天災と思われていました。山火事など、人力では消火することもどうすることも出来ませんでした。家が焼けたりすることもありました。このように「巛」（害する）と「火」（ひ）とで、水や火による災難のことを表し、「わざわい」の意味になりました。

【わざわい】の違い

◆災……自然の災害（災難・災厄）
◆禍……神のとがめを受けること（禍害・禍根）
◆厄……難儀をすること（困厄）

(17)「厂」は崖だと思ったら【炭】（タン・すみ）と【灰】（カイ・はい）

炭 ……「山」（やま）と「厂」（崖）と「火」（ひ）

山の崖のところに炭焼き窯を作り、木をいぶし焼きにして作った燃料のことから、「すみ」の意味を表しました。木が燃えて、後に黒く残ったものです。この炭が燃え尽きてしまった後に残るものは「灰」です。

灰 ……「厂」（左手の形）と「火」（ひ）

「左手」と「火」というのは、「手で持つことの出来る火」ということです。すなわち、火の

「もえがら」のことで、燃えきってしまった後に残る灰ばかりでなく、うす黒く残る消し炭などもいいます。ですから「はい・燃え殻・生気を失ったもの」などの意味があります。

今では、「灰にする」といったら「築き上げたものを失くしてしまう」ことをいい、「灰になる」といったら、「失われる」ことをいいます。

⑱ 肉をあぶった【然】（ゼン・ネン）と【燃】（ネン・もす・もやす）

……「肰」（筋のある肉と犬）と「灬」（ひ・連火《れっか》）

火で犬の肉をあぶることから「もやす」意味になりましたが、のちに、中国語の「そのとおり」と「もやす」が同じ音だったところから、「そのとおり」の意味に使われるようになりました。そして「もやす」には、「燃」という別の字を作りました。

……「火」（ひ）と「燃」（もやす）

「然」は、赤犬の肉をあぶる形で「もやす」意味でしたが、「そのとおり、しかり」の意味に使われるようになったので、「然」にもう一つ「火」をつけて、「燃やす」意味を強調し「もやす」の専用字にしました。下の四つの点は「火」の変形で、部首名では「よつてん」とか「連火」といいます。

器物・道具編（道具や武器などの形から出来た字）

(1) 小説で名が出た【罪】（ザイ・つみ）と【罰】（バチ・バツ）

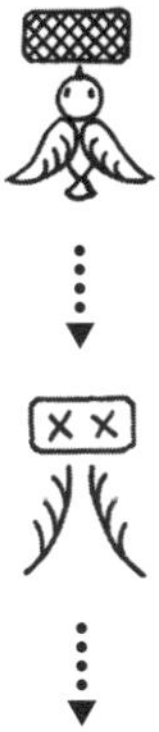

罪

「罒」《もう》（モウ・「あみ」の形）と「非」（ヒ・鳥が羽を広げた形）

「非」は飛ぶ練習をしている小鳥が、両方の羽を広げた形ですから、上から見ると、左右に広げた羽は互いに反対を向いた形になっています。そこから「正しくない・よくない・そむく・～でない」など、「ちがう・わるいこと」の意味になりました。

「罪」は、悪事を働いて法の網にかかった人、また、その悪事とか法を犯すことです。この字は「自（鼻）＋辛（鋭いナイフ）」で、鼻を刀で切り落とす刑を受けた人のことであり、秦の始皇帝のとき、この字が「皇」の字に似ているので「罪」という字に改めた（『学研漢和大字典』藤堂明保編）といいます。

「罪を犯したことを知っている人よりも、知らないでいるものほど大罪人だ」（詩人・北村透谷）といいますが、自分が悪事を働いたことを知らずにやっているというのも怖いものがあります。そして、「罪の意識が人を犯行に追いやることもあるのだ」（心理学者・フロイト）といいますから、人の育成は難しいものです。

……「詈」（リ・ののしる）と「刂」（リットウ・刀）

「罰」は征伐の「伐」（バツ・刃物で傷つけ殺す、斬り殺す）と同音で、取り押さえた人を懇々と説諭し、刀で刑を加えること、「とがめ・しおき」です。昔は大きな罪には刑を加え、小さなものには罰を与える慣わしがあったようです。百叩きの刑などがそうです。

ローマの哲学者・セネカは「罪を憎みて罪人を憎まず」といい、フランスの哲学者（医者）・シュバイツアー博士は「罰を正当だと思うのは、実際に罪の証拠を見せられて、自白せずにはいられなくなったときだけだ」といいます。

『罪と罰』といって思い出すのは、ドストエフスキー（ロシア・一八六六年刊）です。書名だけは知らぬ人がいないくらいに、だれでも知っています。

大学を除籍になり、ぎりぎりの貧乏暮らしの青年・ラスコーリニコフに、郷里の母と妹の期待と犠牲が重くのしかかる。この悲惨な境遇から脱出しようと、彼はある「計画」を決行する。彼は非凡人には犯罪さえも許されると思いこむ。そして、金貸しの老婆とその妹を殺した彼は、罪の意識と孤独感におびえるようになり、心美しい娼婦ソーニャとの出会いによって、自首を決意し、流刑地シベリアに送られるまでの心理的葛藤の変遷を描く長編小説です。

(2) ペアでのお仕事 【臼】（キュウ・グ）と【午】（ゴ）

臼

……石や木をえぐって作った「うす」

石や木を丸くえぐってくぼませ、穀物をくだいたり押しつぶしたり、練ったりする「うす」の象形です。「きね」とで一対になります。

「臼」を女に、「杵《きね》」を男に見立てて、いろいろな言葉が出来ています。「臼と杵」は、「縁のあるもの同士」とか、男女の和合をいう言葉です。また「臼から杵」というと、女から男に言い寄ることで、昔は非常識な行為と思われ、嫌がられたようです。物事がふつうとは逆だということです。

午

……穀物をつく「きね」(杵)

臼に付きものなのが「杵」(木製の道具)です。臼に穀物を入れて、その「杵」を持ち上げたり、下ろしたりして中の穀物をつくのですが、中に入っている米や麦の中へ、無理矢理に「杵」を押し込んでいく格好になります。

「杵」は上下させて使うところから、「上下に交わる」という意味を表し、そこから、前半と後半との交わるところ、すなわち、正午(「午の刻」はおよそ正午前後)とか、十二支の真中(七番目)、「午(ウマ)」を表しました。

「子《し》午《ご》線《せん》」は「子」が「北」、「午」が「南」を表し、北極と南極を結ぶ線(経線)。また、「午」

には「逆らう・背く・交わる・貫く」などの意味もあります。「午」が十二支の〈うま〉の意味に用いられるようになったため、「杵」という字は、「午」に意符の木偏をつけたものです。

(3) 人生の別れ道【禍】(カ・わざわい)と【福】(フク)

禍……「咼」(カ・うずまき)と「ネ」(しめすへん)

「咼」は渦巻きの形です。「ネ」は「示」が偏として使われるときの形で祭壇を描いたものです。出来ては消え、消えては出来る渦巻きのように、次から次へと神のたたりを受けて、思ってもみなかった運命の渦に巻き込まれることで、「わざわい・たたり」の意味を表します。

【咼】を使った字

◆渦……「咼」と「氵」(さんずい)で、出来ては消え、消えては出来る丸い水の渦巻きです。

◆過……「咼」と「辶」(しんにょう)で、出来ては消え、消えては出来る渦のように、次から次へと渡り歩くことから「通り過ぎる・やりすぎる・度を越える」などの意味です。

福……「咼」(カ・うずまき)と「ネ」(しめすへん)

「ネ」は祭壇の形ですし、「畐」は入り口が膨らむほど品物がたくさん入っている倉の形で、詰まっていることです。物の詰まっている倉のように、神の恵みが豊かなことから、神から与えら

れた「しあわせ」の意味になりました

【畐】を使った字

◆副……倉にたくさん詰まっている神から与えられた「しあわせ」を「刂」（刀）で切り分けることで、切り分けた片方は腹を切り裂いた動物の肉と、それに穀物を添えて、神への捧げものとして出したことから、「そえる・助ける」の意味を表しました。

◆幅……「畐」と「巾」（ぬの）で、たくさんあってゆとりのある布（ぬの）ということ。ある範囲の中で自由に出来る余地、ゆとりのある幅のことです。周代の織物は横幅が二尺二寸（約四九・五センチ）あり、絹織物・布地の意味にもなったようです。

（4）食器には違いがないが【盆】（ボン）と【盤】（バン）

盆……「分」（べつべつ）と「皿」（さら）

茶器や食器などを載せるふちの浅い道具。また、酒などを飲むときの、上が開いた底の浅い平らな瓦器（かわらけ）、こうしたものを「盆」といいました。

「雨が盛んに降る」ことをたとえて、「盆を傾く」といいますし、「同時に二つのことを行うことは出来ない」ということのたとえとして、「盆を戴きて天を望む」といいます。頭に盆を載せて天を見上げれば物がずり落ちるから、そんなことは出来ないよ、というわけです。

迎え火を焚いて先祖の霊をお迎えし、精霊棚《しょうりょうたな》に食物を備えて供養する仏事を「お盆」といいますが、そのとき、仏壇に敷いて供えものを乗せる茣蓙《ござ》を「盆茣蓙」といいました。その「茣蓙」からきた言葉でしょうか、半丁博打《ばくち》でつぼを伏せる茣蓙を、同じように「盆茣蓙」と呼ぶそうです。

 ……▼  ……▼ 盤 ……「般」（板のように平らに押し広げる）と「皿」（さら）

平らに広がっている大皿が「盤」です。「平らな大きな岩」とか、「平らなものや台」という意味もあります。安定して動かないことをたとえて「盤石」（バンジャク）といいます。同じ「バン」でも、木製のものは「槃」といい、水を受ける器です。

また、読みが同じで、字形の似たものに「磐」があります。これは、平らで、ころころ転がったりせずにどっしりと腰を落ち着けている大きな石、すなわち「いわお」のことです。「大磐石」などといいます。これも、読みは「バンジャク」です。

(5) 旗の下に集まる 【族】（ゾク）と【旅】（リョ・たび）

 ……▼  ……▼ 族 ……「㫃」（目印の旗）と「矢」（矢の形）

旗の下には、矢をたくさん集めておきました。そこから「同じものを集める・まとめる」という意味になり、「群がる・集まる・身内・仲間」の意味になりました。最近では、「族議員」が問題になったこともありました。

旅 ……「㫃」（目印の旗）と「𠂢」（人が集まっている形）

旗の下に集まっている大勢の人のことを「旅」（リョ）といいました。「軍の集団」や「大勢の人の集まり」のことです。大昔には、集団で移動したのでしょう。それから「たび・旅をする」意味になりました。

昔の旅は、現在と事情が違います。「旅は憂いもの辛いもの」という言葉が残っているくらいです。それくらい苦しく、辛いことが多かったのでしょう。だからこそ「旅は道連れ、世は情け」とか、「旅は情け、人は心」となり、「かわいい子には旅をさせよ」といったのでしょう。しかし、反対に、「旅なんて、いつまでも、そこにとどまるものではないし、恥をかいてもその場限りだ」というわけで、「旅の恥はかき捨て」などという人もいないわけではありません。

(6) 石と車でたとえる【硬】（コウ・かたい）と【軟】（ナン・やわらか）

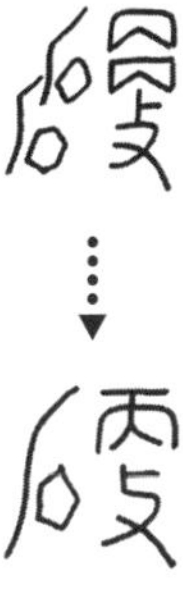

硬 ……「石」（セキ・シャク・いし）と「更」（コウ）

「更」（コウ）は、たるんでいるものを両側にひっぱって引き締めること。石のようにかたく張りつめることで、「硬化」といったら、やわらかいものを硬くすることです。

硬骨漢といいますが、これは気骨のある男ということで、「漢」は暴漢・無頼漢・熱血漢のように、野郎、男の意味に使います。とはいっても、今時は、女性の中にも「漢」のつく女性がいるそうです。それは女性専用車両の中の女の「痴漢」だそうです。

 ……  …… 軟 ……「車」（シャ・くるま）と「欠」（ケツ・かける）

この「欠」は何が「欠ける」ことを表しているのでしょうか。「軟」の偏が「車」ですから、タイヤの空気が欠ける、すなわち減ることだとわかります。タイヤの空気が減ってやわらかくなることを「軟」といい、「やわらかい」意味になりました。昔は、車はタイヤではありませんでしたから、車の輪が緩んでやわらかくなることでしたが、現在では前記の説明で子供にも納得してもらえます。

(7) 切符とお寿司が【券】（ケン）と【巻】（カン・まく）

 ……  …… 券 ……「龹」（ものを二人でもつこと）と「刀」（かたな）

昔、板にぎざぎざの歯形を刻みつけて、それを二人で持っていました。歯形の長い方を「質」（チ）、短い方を「剤」（ザイ）といいました。それをつき合わせて契約の印としました。一種の割り符です。この刻みをつけた板を「券」といいました。いわば、入場のときの半券のような役目をするものです。江戸時代などは、暗躍する忍者がたくさんいましたので、こうしたものを渡

して役目を仰せつけたわけです。それを持っているものだけが、確かに自分の藩の「忍びの者」であるという証拠になるわけです。そうしないと、とんでもないことになったに違いありません。

現在は、木材でなく紙片で出来ているものが多いようです。「乗車券」などよい例です。意味としては、「手形・書き付け・契約の証拠として分けて持っているもの・券・切符・札・印紙・証券」などで、すべて証明の役目です。

巻 ……「龹」（米と両手・両手で米を丸める）と「㔾」（ひれふす）

米を丸める、すなわちご飯を丸めること。人がひれ伏すような格好で座って、両手で寿司を作ることから「くるくる巻く・巻物」の意味になりました。

(8) ばらばらにする【別】（ベツ・わかれ）と【分】（フン・ブン・わける）と【列】（れつ）

別 ……「另」（ほね）と「刂」（かたな）

「捕ってきた獲物の、頭と肉をバラバラにする」というのが「別」という字です。「分ける・分かれる・離れ・区別する」などの意味があります。「長短の別を問わない」という言い方は「区別」を問題にしないということですし、「別世界」は「よその・ほかの」という意味ですし、「格別・特別」は「他と同様でない」といった感じです。孟子の言葉に「夫婦に別あり、幼長に序あり」というけじめをいった言葉があります。「別」という言葉の意味もいろいろです。

……分……分……「八」（わけるしるし）と、「刀」（かたな）

「八」は、一本の棒が真ん中で二つに切りわけられた形です。「刀」は「かたな」と読みますが、かたなの「カタ」は、「片」で、かたなの「ナ」は「刃」という説があります。両刃（もろは）の「剣」に対して、細長い片刃の刃物のことだというわけです。

「分」は、刀で一本の棒を二つに切り分けることから「分ける・離れる」の意味になりました。「分ける」という言い方は、「分割する」「分類する」「区別する」「仲裁する」「判断する」「売る」など、いろいろに使われます。

「刀」と組み合わせて作られた字もいろいろありますが、「刀」の形で使われているものだけでなく「りっとう」の形で「刂」（旁）として、使われている字もいろいろあります。

【わける】の違い

◆分……物を別々にわける（分離）

◆別……区別して離す（別荘）

…………列……「歹」（ほね）と「刂」（かたな）

「歹」は、「骨」という字が偏になったもので、「動物の骨をはぎ取る」ことです。ですから、

「列」は「刀で動物を分解する」ことです。分解するには一定の順序があります。それで、その順序を意味する「次第・序列」の意味になり、「分ける・並ぶ・列」などの意味を表すようになりました。この字を使った熟語では、「行列」「列車」などがすぐに思い浮かぶかもしれません。「列車」は「並べ連ねた車」ですし、「列挙」は「並べ立てる」とか「数え上げる」ことです。

【ならぶ】の違い

◆列……ならべ連ねること（行列）
◆並……横にならんで一組になること（並立）
◆双……似たものがならぶこと（双方）
◆比……すき間なくならぶこと（比隣）
◆対……相対して向かい合うようにならぶこと（対立）
◆配……引き合わせてならべること（配合）

(9) 何をカットするか【切】（セツ・きる）と【刈】（かる）

……「七」（切れた棒の形）と「刀」（かたな）

「七」は、棒を切った形ですが、同時に棒を切るときの「シチッ」という音でもあります。ですから、棒を切った形「七」と、「刀」とで、「刀で棒を切断すること」を表しました。「刀で断ち切る・切り刻む」などの意味があります。いくら鋭い刃物でも、親子の絆だけは「切っても切れない」もののようです。よく「家の仕事を一人で切り盛りする」などといいますが、この「切り盛り」は、「料理で、食物を程良く切ったり盛ったりする」ことです。そこから転じて、今のように「事務を適切に処理する」意味に使われるようになりました。

【きる】のいろいろ

◆切……刀できりきざむ（切断）
◆伐……木を切り倒す（伐採）
◆裁……衣類をたちきる、転じて長いものを切ってほどよくする（裁断）
◆剪……そろえてはさみできる（剪定）
◆斬……人を切り殺す、転じて切り離すこと（斬罪）

 …▼  …▼ 刈 ……「メ」（はさみ）と「刂」（かたな・刃物）

はさみのような刃物を使って不ぞろいな草を剪定することです。「メ」だけで「草を刈り取る」意味がありますが、それに「刂」（刀・刃物）をつけて刈り取る意味を強めたものです。「刈る・きる・ころす」などの意味があります。

(10)「さすまた」でも違う【単】（タン）と【干】（カン・ほす）

 …▼  …▼ 単 ……「単」（「さすまた」というほこの形）

先端が二股になっているこの「さすまた」という「ほこ」は、それだけで敵を刺すことも、敵の槍を受けとめることも出来たのだそうです。それで「一つだけ・それだけ」の意味を表しました。

そういえば、「単願」というのは受験のとき「一校にだけ願書を提出すること」で「専願」ともいいます。「単刀直入」は「ひとりで刀をふるって敵陣に乗り込む」ことです。そこから、「単刀直入にお聞きしますが……」などと、「前置きなどを省いて、すぐ本題に入る」こと、「遠回しな言い方をしないで、ズバリ問題の核心を突くこと」にも、使われるようになりました。

……「干」（先がふたまたになったほこの形）

「単」は、簡単な仕掛け（飾り）のついた「さすまた」ですが、「干」は、単純な形の「さすまた」です。敵を突いたり防いだりする「武器」のことで、この働きから「侵す・逆らう」の意味になりました。

一説には、「ほこ」ではなくて、盾の形だといいます。二股になっていて、受けとめるイメージが強いからでしょう。この字は、「カン」の音が「乾」（カン）と同じところから、「干す・乾かす」意味にもなりました。

「小川を干す」は「取り去る」。「大杯の酒を干す」は「全部飲んでしまう」ことですが、「仕事を干される」は「仕事が与えられない」ことですから、これは困りものです。

(11) 武器よさらば【戦】（セン・いくさ・たたかう）と【武】（ブ・ム）と【殺】（サツ・ころす）

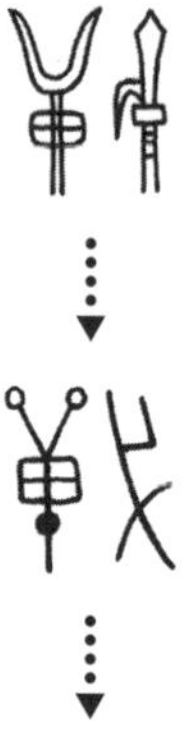

戦

「単」（先が二股になったほこ）と
「戈」（柄の長いほこ）

いろいろな形のほこ（武器）を交えて戦うことから「戦う・いくさ」の意味を表しました。「敵国と戦う」のは、武力をもって戦争をすることですが、「巨人と西武の戦い」は「試合」をすることですし、「労使が戦う」のは「賃金闘争」。南極観測隊員は「寒さとの戦い」です。同じ「戦い」でも、戦争から努力まで、いろいろな戦いがあるものです。人生もまた「戦い」だそうです。

武

「止」（足の形）と「戈」（ほこの形）

この「武士」の「武」という字は、本来「ほこを止める」ことです。「兵器を用いない」ことですから、戦争を止めることとです。「平和」が本義だといわれます。しかし、「ほこ」と「足」の形ですから、「ほこを持って勇ましく進んでいく」ことから「強く勇ましい・いくさ」の意味になった、ともいえますが、やはり、本義の「平和」の方がよいと思います。

アメリカのヘミングウェイ（一八九九―一九六一年）の小説『武器よさらば』（一九二九年）は、第一次世界大戦中のイタリア戦線を舞台に、アメリカ出身の中尉と看護婦との、戦争中の恋愛と過酷な現実をドライなタッチで描いたものでした。ヘミングウェイの代表的傑作の一つです。

 ……▼  ……▼ 殺

……「杀」（木の枝をしばる形）と「殳」（たたく）

「殳」は、柄の長いほこを手に持つ形で、叩いたり、突っついたりすることを表します。部首名では「るまた」といいます。木の枝を集めて紐で縛って束にし、その棒で出てきた動物を叩き殺すというのが、この「殺」という字です。そこから「ころす」の意味を表しました。

上から下まで真っ黒な服装、これこそ「殺人者」（ころしや・キラー）ですが、この生態を明らかにしたのもヘミングウェイです。短編「殺人者」（ザ・キラーズ）は、現代アメリカの「殺し屋」を鮮やかに描き出し、バート・ランカスター主演で映画化、日本でも上映されました。

【殳】をもつ字のいろいろ

◆殴……手に武器を持って、相手がかがみ込むまで打ちすえる・なぐる・たたく（殴打）

◆役……手に武器を持って、巡り歩いて警備すること。さらに役目・つとめの意味になった（役丁）

服飾編（糸や布などから出来た字）

（1）一体とはいうけれど【表】（ヒョウ・おもて）**と【裏】**（リ・うら）

 ……▼  ……▼ 表

……「衣」と「毛」

ジーンズで、男のように町を闊歩していた女性も、和服になると、とたんにしとやかな娘さんに変身します。どこのお嬢さんかと、目を見張ります。それほど、普段の着物姿はなくなってしまいました。「洋服」という言葉は知っていても、「和服」といわれても知らない子供も大勢いるそうです。そういえば、戦中にはやった「もんぺ」などという言葉もなくなりました。

「衣」は着物の襟の部分を描いたものです。「衣類」の「衣」という字です。「ころも」「衣服・衣類」「着る・着せる」などの意味を持っています。

「表」は、成り立ちの絵でわかるように、衣の襟元からけものの毛が見えている形です。衣類の上に、けものの皮を重ねて着ている形で、「おもて」を表しました。

裏 ……「イ・衣」と「リ・里」

「裏」は「衣」という字を上下に分けて、間に「里」という字を入れて出来ています。これも、衣の襟元から縦横の筋目のついた布がのぞいています。本来、縦横の筋目（畦）をつけた田んぼのあるあたりを「里」といいます。その「里」のように、縦横の筋目の模様をつけた布を衣服の裏地として用いたようです。筋目の模様というのは、「縞《しま》模様・格子縞」です。それで、「衣」の間に「里」（縞）を入れて、「うら」の意味になりました。「うら」という字としては、この「裏」のほかに、「ころもへん」に「里」と書いた「裡」もあります。

（2）糸とその加工【糸】（シ・いと）と【系】（ケイ）

糸

……「糸」(かいこの吐く糸を束ねた形)

一個の繭《まゆ》から出るいく筋かの生糸を合わせて、細く長く一本の糸によったもの、それを「糸」といいます。その糸を二本合わせた形を表したものが「絲《いと》」という字です。現在の「糸」のもとの形です。

糸はふつう、織物・縫い糸・編み物などとして用いますが、変わったものに「釣り糸」と呼ばれるものがあります。この「釣り糸」は「テグス」(天蚕糸)のことですし、三味線や琴・ギターなどの「弦」も「糸」ということがあります。

系

……「爪」(つめ)と「糸」(糸を束ねた形)の合わせ字

上部は指先で摘む形で、「爪」という字の変形です。手で糸束をぶら下げている形から「つながる」という意味を表しました。「家系」「直系」「系図」などという熟語は、みな、この「次々につながって一筋になったもの」、すなわち「つながる・つながり」という意味を持った言葉です。

「系図」は、先祖代々の家系を図に示したものです。昔は自分の家系をよくみせるために、架空の系図を作ったりもしたようです。系図買いといって、貴族の系図を買って家の格を高くみせたりもしました。源氏は人気があったので、源氏から分れた系譜は多いようですが、平氏は少ないようです。

（3）バラバラなものをつなげる【続】（ゾク・つづく・つづける）と【統】（トウ・すべる）

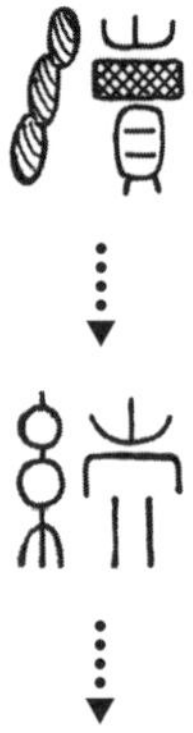

続

「糸」（糸を束ねた形）と「売」（ものを売って儲ける）

「売」は「出す」と「買う」の合わせ字で「賣」の略体です。買ったものを出すことですから「仕入れてそれを売る」というわけで、利益を得ること。「糸」は長い糸束の形ですから、ものを長く売り続けるように、糸をつないで長くすることで「つづく・つづける」意味になりました。

統

「糸」（糸を束ねた形）と「充」（頭を下にした赤ん坊の形と走る形）

「充」の「頭を下にした赤ん坊の形」というのは正常分娩によって生まれてきた子供であり、「走る形」は元気のよいことで、「充」は人が成長することを表します。そこで人が成長していくように、糸がまとまってひと続きの長い糸になることから、「まとまる・つながる・おさまる」などの意味を表します。「統合」は二つ以上のものを一つにまとめることですし、「統括」はバラバラに分かれていたものを一つにまとめることです。

（4）糸筋と白い布【線】（セン）と【綿】（メン・わた）

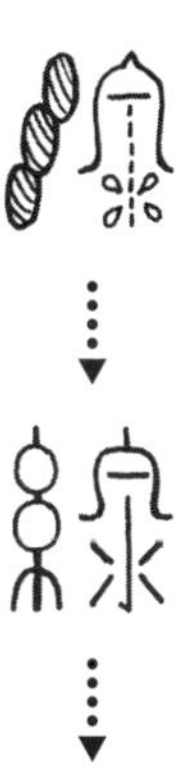

線……「糸」（糸を束ねた形）と「泉」（細い水の流れ）

「泉」は泉の口から水が流れ出ている形です。その「泉」と「糸」を合わせた「綿」は、泉の水がわき出てどこまでも細く流れるように、「細く長く続き、絶えない糸」ということで、「長い線・すじ・いとすじ」の意味です。

【泉】の含まれる字

◆泉……岩石の間から水が湧き出てくる様子で、いずみ、みなもとのこと（泉源）
◆腺……にくづきと泉。身体から液状のものを分泌する意、腺病質などといいます（汗腺）

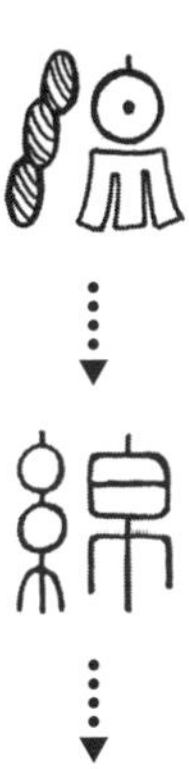

綿……「糸」（糸を束ねた形）と「帛」（白い布）

「帛」は白い布です。もとは、白い布を織るための長い糸のことでしたが、のちに、白い綿の出来る木、すなわち「棉」（ワタ）という字の変わりに使われるようになりました。古くは「絹綿」「真綿」のことでしたが、木綿《もめん》が普及してからは「木綿綿」をも「綿」というようになりました。現在は「化学繊維」で作ったものもあります。

【綿】を使ったたとえ言葉

◆綿のように疲れる……疲れてくたくたになる
◆真綿で首をしめる……時間をかけてじわじわと攻める
◆真綿に針をつつむ……表面は穏やかで、腹の中は敵意がいっぱい

(5) よく間違える【率】（ソツ・リツ・ひきいる）と【卒】（ソツ）

……「率」（糸束の上下に横木を通して、糸束をねじって水を絞る形）

両側の「テンテン」は、絞ったときに出る「水滴」です。棒を使って糸束の上下を強く絞ると水滴がすっかりなくなります。そこから、「すっかり」の意味になり、さらに「寄りそう・ついていく・率いる・おおむね」などの意味が出てきたように思われます。「率」が、円周率・確率・視聴率などのように、「リツ」と読まれるときは、その熟語は「割合」の意味で使われています。

……「卒」（肩からたすきをかけた形で番兵のこと）

「卒」という字は、一説に衿端《えりはし》を結び止めた形ともいいます。死者の衣のことです。死者の霊が迷い出るのを防ぐために、衿の前に交わるところを結んだのだといいます。

ここでは、たすきをかけた形とします。身分の低い兵士にしるしのある服を着せて、上官の身の回りの世話をさせました。その仕事をする人を「当番兵」といいました。当番兵は呼ばれると慌てて飛び出していくので「にわかに・あわてる」の意味になり、言いつけられた用事をきちんとやり遂げるところから、「おわる」意味になりました。

地位の低い兵士のことを「兵卒」といいますし、急に、にわかに倒れることを「卒倒」。学業を終えることを「卒業」といいます。「卒」は「率」と字形が似ています。間違わないように。

漢字のメルヘン・実践編　索引

あ行
アン　暗　一三五
アン　闇　一三六
ウ　右　○八四
ウ　宇　一二三
エイ　英　一一三
エイ　永　一四○
エン　遠　○九四
エン　炎　一五二

か行
カ　花　一一二
カ　華　一一四
カ　果　一一五
カ　科　一一八
カ　家　一二一
カ　夏　一三七
カ　禍　一五八
カイ　開　一三○
カイ　灰　一五三
カク　革　一○九
カツ　活　○九八
かる　刈　一六六
カン　閑　一三一
カン　寒　一三八
カン　巻　一六三
カン　干　一六七
ガン　岩　一四三
キ　喜　一○○
ギ　宜　一二四
キュウ　泣　○九六
キュウ　吸　一○一
キュウ　臼　一五七
キョウ　強　一○三
ギョウ　形　一五○
キン　近　○九五
キン　金　一四四
ギン　銀　一四四
クウ　空　一四九
ケイ　型　一五一
ケイ　系　一七一
ゲイ　迎　○九三
ケツ　穴　一四八
ケン　券　一六二
コ　戸　一二七
ゴ　午　一五七
コウ　公　○八五
コウ　高　一四二
コウ　厚　一四三
コウ　硬　一六一

さ行
サ　左　○八四
サ　坐　一三四
サ　砂　一四三
ザ　座　一三四
サイ　菜　一二○
サイ　採　一二○
サイ　災　一五二
ザイ　在　一一七
ザイ　罪　一五五
サツ　殺　一六九
シ　私　○八六
シ　止　○九○
シ　死　○九七
シ　至　一○五
シ　枝　一一一
シ　糸　一七一
シャ　捨　○九○
シャク　尺　○八七
シャク　借　○九九
ジャク　弱　一○四
ジュ　受　○八八
ジュ　授　○八九
シュウ　秋　一三七
ジュウ　拾　○八九
シュン　春　一三六
ショ　暑　一三九
ショウ　笑　○九六
スイ　隹　一○七
スン　寸　○八七
セツ　切　一六五
セン　宣　一二四
セン　門　一三○
セン　扇　一三二
セン　戦　一六八
セン　線　一七三
ゼン　然　一五四
ソウ　送　○九二
ソウ　倉　一三二
ソウ　窓　一五○
ゾウ　蔵　一三三
ソク　速　○九四
ゾク　族　一六○
ゾク　続　一七二
ソツ　率　一七四
ソツ　卒　一七四
ソン　存　一一六

た行
タイ　貸　○九八
ダイ　内　一四九
タク　宅　一二一
タン　炭　一五三
タン　単　一六六
チ　遅　○九三
チュウ　宙　一二三
チョウ　鳥　一○七
チョウ　町　一四六
チン　沈　一四一
テツ　鉄　一四五
デン　田　一四七
ト　吐　一○○
トウ　冬　一三八
トウ　統　一七二
ドウ　銅　一四五

な行
ナン　軟　一六二
ネン　燃　一五四

は行
ハ　派　一四○
バイ　買　一○二
バイ　売　一○三
バク　麦　一一九
はた　畑　一四七
バツ　末　一一○
バチ　罰　一五六
バン　盤　一六○
ヒ　皮　一○八
ヒ　扉　一三二
ヒョウ　表　一六九
ヒン　貧　一二五
フ　不　一○五
フ　富　一二五
フ　浮　一四一
ブ　歩　○九一
ブ　武　一六八
フク　福　一五八
フン　分　一六四
ブン　聞　一二九
ヘイ　閉　一二九
ベツ　別　一六三
ホン　本　一一○
ボン　盆　一五九

ま行
ミ　未　一一四
ミョウ　明　一三五
メン　綿　一七三
モン　悶　○九九
モン　門　一二七
モン　問　一二八

や行
ヤ　野　一四六
ユ　由　一一六
ヨウ　葉　一一二

ら行
ライ　来　一一九
リ　裏　一七○
リョ　旅　一六一
リョウ　料　一一七
れつ　列　一六四

＊音読みを基準に五十音順で作成

下村　昇（しもむら・のぼる）

1933年東京都に生まれる。東京学芸大学国語科卒業。東京都の公立小学校教員となり、漢字・カタカナ・ひらがな・数字の「唱えて覚える口唱法」を提唱。東京都立教育研究所調査研究員、国立教育研究所学習開発研究員、全国漢字漢文研究会理事などを歴任する。現在、「現代子供と教育研究所」所長、「現代漢字成り立ち教育研究会」顧問。独自の「下村式」理論で数々の辞書や教育書、副読本などを執筆。著書は100点以上に及ぶが、中でもシリーズ『下村式・唱えて覚える漢字の本』（学年別、偕成社）は刊行以来400万部を突破している。
ホームページ　http://www.n-shimo.com/

下村　昇の漢字ワールド 2

漢字の成り立ち

●二〇〇六年　四　月一五　日――第　一　刷発行
●二〇一二年　一〇　月　一　日――第　四　刷発行

著　者／下　村　昇

発行所／株式会社　高文研
東京都千代田区猿楽町二―一―八
三恵ビル（〒一〇一＝〇〇六四）
電話　03＝3295＝3415
振替　00160＝6＝18956
http://www.koubunken.co.jp/

本文レイアウト・DTP／㈱キャデック
装丁／井上　登志子
印刷・製本／三省堂印刷株式会社

★万一、乱丁・落丁があったときは、送料当方負担でお取りかえいたします。

ISBN978-4-87498-361-4　C0037

人のからだからできた漢字

人が立っているかたちのいろいろ

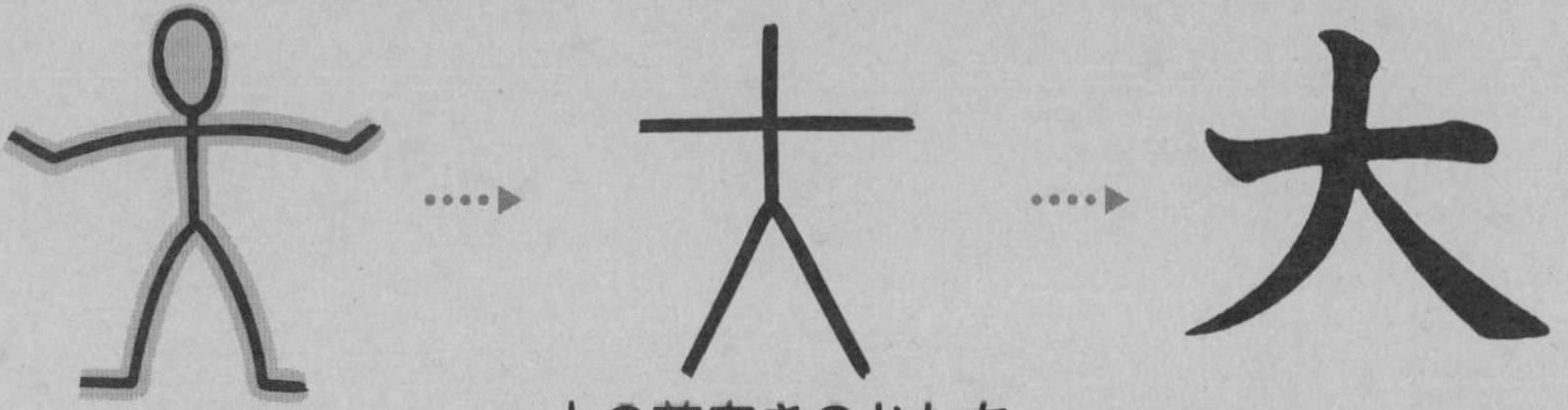

人の前向きのかたち

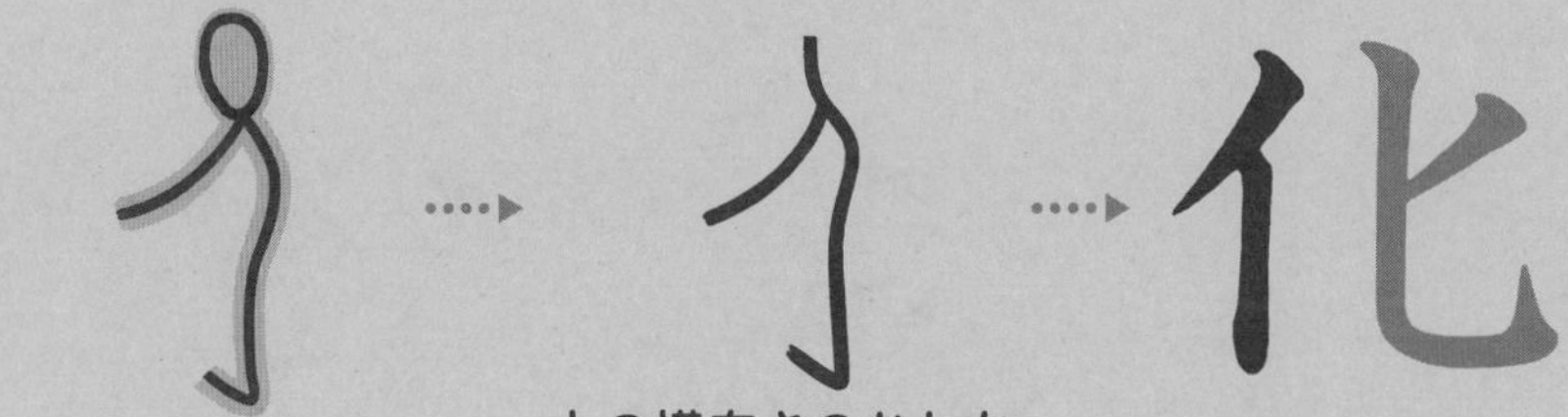

人の横向きのかたち

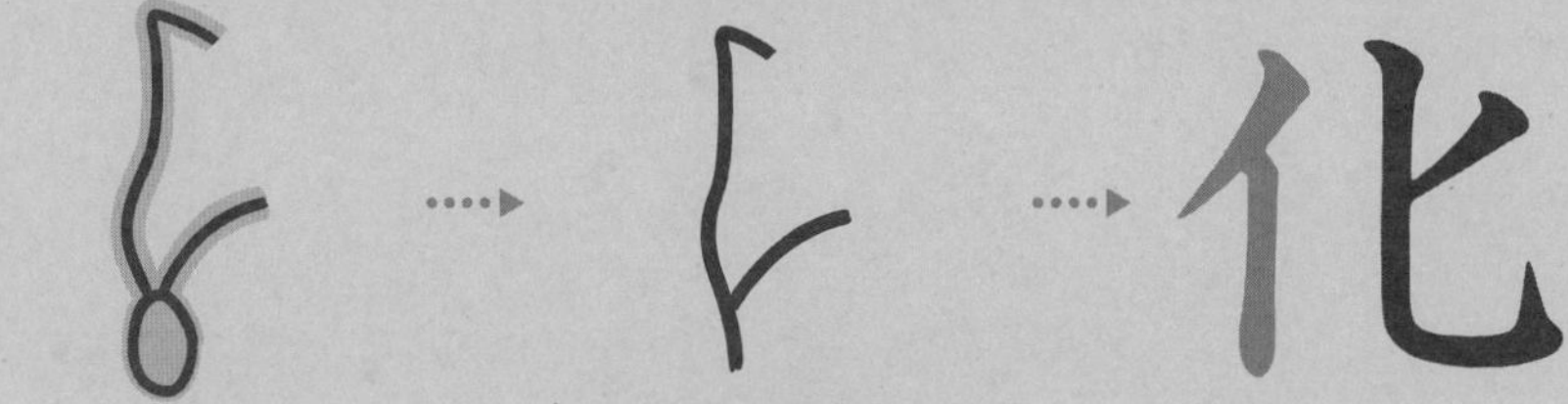

人のさかさまのかたち

人が口をあけたかたち

つえをついた老人のかたち

人のからだからできた漢字

からだをまげたかたちのいろいろ

報 犯

人がひざをついたかたち

令 色

人がひざまずいたかたち

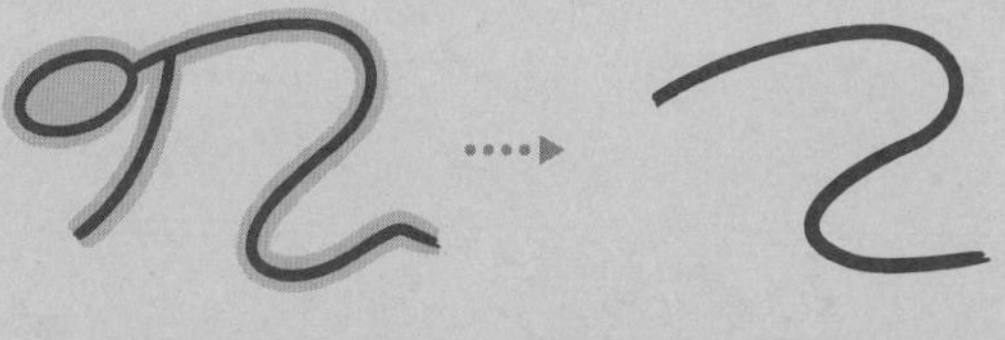

己

人がひれふしているかたち

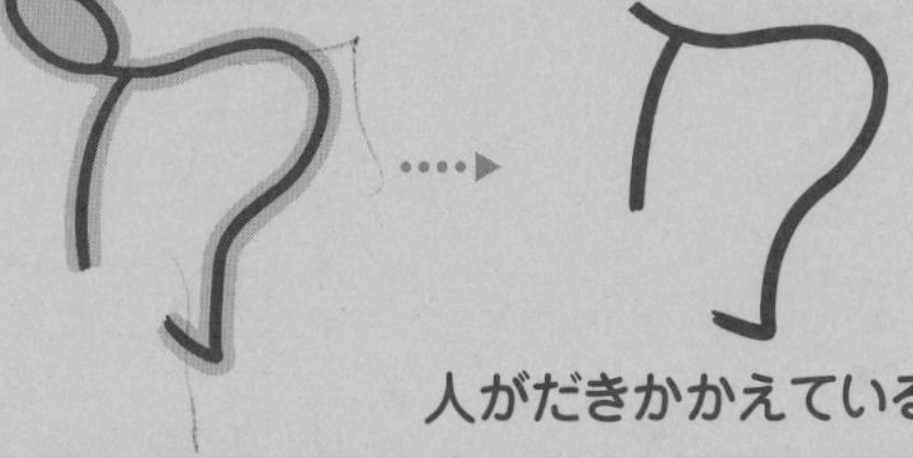

包

人がだきかかえているかたち

居

人がよこたわって寝ているかたち